Tu n'es pas seul

Colette Nys-Mazure

Tu n'es pas seul

Albin Michel

Albin Michel
▪ *Spiritualités* ▪

Ouvrage publié sous la direction
de Jean Mouttapa

A Lucie et Lucie,
Lucia aussi

Ne pouvez-vous veiller une heure avec moi ?

« Dans le mot "seul" il y a quatre lettres, quatre définitions de la solitude. S comme solitaire, c'est-à-dire seul par goût de la solitude ; E comme esseulé, c'est-à-dire seul parce qu'abandonné des autres ; U comme unique, seul de son espèce, et enfin L comme libre, c'est-à-dire seul à décider. »

Michel Hannoun
Nos solitudes

Tu touches le fond
ton pied frôle la vase
– feuilles et cailloux mêlés –
sombre nasse gluante
au-dessus de toi
l'eau a refermé son corps sur le tien
rien n'apparaîtra de ta fin
que cette bulle allant crever la surface
trop opaque pour renvoyer les nuages

Tu as touché le fond

Mais tu n'es pas seul
ta main en retiendrait d'autres
tu peux donner ce coup de talon vital
remonter

Tu vas retraverser les couches liquides
et reprendre ta nage malhabile
vers l'île[1]

1. *Feux dans la nuit*, coll. « Espace Nord », Labor, 2005.

Seul. Tu nais seul, tu vis seul, tu meurs seul. Le constat est brutal. Seul à éprouver ton corps en pleine métamorphose, seul à le sentir lâcher en fin de vie ; seul à errer entre les corps étrangers, te heurtant, te brisant parfois aux angles hostiles. Seul à sangloter dans l'obscurité de la peur, du dégoût. Déçu par le mensonge d'un adulte ou son impuissance, ravagé par la maladie, l'affaiblissement, la mort d'un proche, rongé par les frottements douloureux de la promiscuité, les malentendus, les indifférences. Inquiet au sein d'un couple déchiré, jaloux, usé.

Tu n'es pas seul à être seul. Cette traversée est l'aventure commune de l'humanité. Nous ne sommes pas juxtaposés, mais mystérieusement reliés, tissés dans la trame universelle. Un rayon filtre sous la porte du voisin, éclairant ton propre itinéraire. Une parole en dit long, un regard trahit la connivence, un geste traduit l'attention.

Tu n'es pas seul

Il suffit de prêter l'oreille à la voix infime qui crie sous les décombres ; de solliciter un service qui rendra sens à l'autre ; de parler d'une voix légère à l'enfant, au vieil homme, à celui qui vacille sur le seuil de l'inconnu. Même exposées, menacées, les amitiés de longue haleine tiennent bon. L'amour ne s'éteint pas ; il n'y a pas d'âge pour s'aimer.

TU N'ES PAS SEUL. Le désir lancinant en chacun : « Regarde-moi ! » A chaque âge la question tenace, anxieuse et incessante : « Tu m'écoutes ? » Notre expérience nous est commune ; nous traversons les mêmes ombres et les mêmes lumières. Dans ces chemins de traverse, quelqu'un marche et veille à tes côtés : entends-tu son pas ?

TU N'ES PAS SEUL, IL T'AIME, TOI : TU ES INSCRIT DANS LA PAUME DE SA MAIN.

Coiffer la frontière

Bonne-Maman portait des chapeaux. Noirs de préférence, depuis la mort de son fils aîné. Chapeaux de paille ou de feutre selon la saison, ils semblaient tous modelés sur la même forme : ronds, assez hauts, ils ne se contentaient pas d'emboîter le crâne, mais le surélevaient quelque peu. Je l'ai rarement vue sortir sans couvre-chef ; elle n'allait « en cheveux » que chez la voisine ou l'épicier du coin. Cérémonies religieuses, visites amicales ou officielles, exigeaient d'être coiffée. Donc Bonne-Maman, ma Bonne-Maman, portait chapeau et la petite fille que j'étais escortait une femme élancée, bien tournée, vêtue avec une sobre et sombre élégance. Son chapeau me permettait de ne jamais la perdre de vue dans la presse d'une foire ou sur le quai d'une gare : « Ralliez-vous à mon chapeau noir. »

De temps à autre, nous allions en France rendre visite aux membres de la famille résidant de l'autre côté de cette douane dont je redoutais le passage comme celui d'une ligne de feu ; les douaniers avaient la réputation de ne pas transiger avec les fraudeurs ; Tante Amélie, l'opulente frondeuse, avait dissimulé pour son malheur et sa plus grande confusion des denrées interdites dans sa ceinture : on en parlait encore. On me lisait de sinistres récits de poursuites à travers neige, de balles perdues, de fouilles indiscrètes ; aussi chaque déplacement outre-frontière me remplissait d'une terreur prémonitoire et m'ôtait le sommeil, la nuit limitrophe.

Lorsque Bonne-Maman répondait sereinement à la sacro-sainte question : « Vous n'avez rien à déclarer ? », je retenais ma respiration. La plupart du temps cette phrase résonnait entre les banquettes en bois du train omnibus qui passait à Baisieux ; je tentais de me faire oublier. Ma grand-mère, je m'en doutais, s'amusait secrètement de mes terreurs – ne l'avais-je pas entendue rire avec sa sœur tout en dégustant un café d'autant plus exquis qu'il avait été « fraudé » : « Colette ne vit plus quand on passe la douane. »

Cet été-là, nous entreprendrions le voyage dans le Nord : il s'agissait de participer à la moisson dans la ferme de Chauny où vivaient un des frères de Bonne-Maman et sa nombreuse famille ; une fête en perspective. On me décrivait la fièvre sur les champs livrés aux moissonneurs, les meules de paille, les tablées bruyantes, les draps écrus des lits hauts sur pattes, les tartes des grandes cousines. L'aventure à sept ans.

Ai-je vraiment dormi la nuit précédant le départ ? L'excitation me tenait les yeux ouverts :

une matinée de train, l'accueil d'Oncle Augustin, le fromage blanc onctueux dans les jattes de faïence fleurie... Assise, pieds nus, dans l'escalier raide, je guettais les mouvements du rez-de-chaussée : quand Bonne-Maman m'appellerait-elle ?

Tout était prêt. Bon-Papa allait nous conduire à la gare, je piétinais sur le trottoir. A la dernière minute, l'impatience me précipita vers les toilettes et j'ai vu ce que je ne pouvais pas voir : devant le miroir du vestiaire, Bonne-Maman plaçait tranquillement sur son chignon écrasé trois paquets de tabac prohibé, qu'elle recouvrait de son chapeau !

La stupéfaction mêlée d'angoisse me cloua le bec, je battis en retraite précipitamment. Déjà Bonne-Maman, particulièrement gaillarde, donnait ses dernières recommandations domestiques et s'installait à l'arrière de la voiture. Elle se pencha sur moi :

– Tu es bien pâle ; as-tu suffisamment déjeuné ? La route sera longue, je n'ai qu'un petit en-cas.

Moi, muette. Bientôt la frontière. L'imagination en cavale. Si... Bonne-Maman fouillée, arrêtée, jetée en prison ; moi, abandonnée au bord de la voie ferrée.

Bonne-Maman dans le train. Les manteaux pendent au crochet, les bagages pèsent sur nos têtes. Bonne-Maman lit. Comme d'habitude. Elle en oublie de me surveiller, moi, décomposée par l'anxiété. Le poste-frontière pointe à l'horizon. Le train ralentit déjà. Une escouade de douaniers envahit le compartiment. Bonne-Maman, toujours altière, daigne lever les yeux de son livre et enrobe d'un regard bienveillant les hommes en uniforme.

Ils hésitent à demander l'ouverture des bagages et, comme Bonne-Maman fait mine de se lever pour saisir la valise, un douanier la devance. La prestance de Bonne-Maman produit toujours son effet. Il pousse l'amabilité jusqu'à défaire lui-même les courroies de cuir : le contenu, impeccablement repassé et rangé, décourage toute inspection ; il referme, hisse la valise... Son regard ne descend-il pas vers le couvre-chef anormalement haut de Bonne-Maman ? J'en jurerais.

– Ma petite-fille ne supporte pas le train, pourrait-elle faire quelques pas sur le quai ? dit Bonne-Maman en se levant lestement.

Le douanier se précipite et m'entraîne dans le couloir. Je vomis sans vergogne sur le marchepied ; ses chaussures reçoivent quelques éclaboussures. Nullement dégoûté, il me tend son mouchoir en s'excusant presque :

– Je n'ai plus le temps d'aller vous chercher un verre d'eau... Cela ira ?

Sa sollicitude paternelle me confond. Je déteste Bonne-Maman et ses mensonges.

Le train s'ébranle. Bonne-Maman a déjà disparu dans sa lecture. Je m'endors, épuisée. Je hais les fraudeuses.

– Pourquoi ne mets-tu jamais de chapeau ? interroge ma fille. Cela t'irait si bien : tu as une tête à chapeaux.

Insomniaque

– Grand-Père est insomniaque. Je me suis levée au milieu de la nuit et j'ai vu sa lampe allumée, dit Maman.

– C'est normal à son âge, enchaîne Papa.

Maman et Papa discutent en déjeunant. Insomniaque ? Les sons de ce mot plaisent à Alice. Elle répète tout bas *insomniaque*. En allant chercher le lait à la cuisine, elle se risque à demander à sa sœur ce que cela veut dire.

– Va voir toi-même dans le dictionnaire !

Elle en a de bonnes, Anaïs ! Comment Alice pourrait-elle s'y reconnaître dans ce volume touffu ? Le mieux, c'est encore d'interroger Grand-Père lui-même. Elle patientera jusqu'à la prochaine promenade.

En attendant, Alice joue avec le mot. Elle le retourne en tous sens, elle le presse comme un citron. Cela commence en forme de question : *Hein ?* Ou d'exclamation : *Hein !* C'est un peu dur, un peu raide, presque impoli, grossier.

Puis vient le joli mot chantant : *somme. Somme*

comme faire une petite sieste sur le sable. *Somme* comme faire la somme de son argent de poche. Comme la baie de Somme où ils vont en famille observer les migrations et les couvaisons. Mais parfois Maman, en colère, crie : « Je te *somme* de m'obéir », alors...

Ensuite c'est le *nid*, un nid plein d'oiseaux : ils chantent au lieu de faire un somme, ils criaillent et s'égosillent. Enfin le *aque* rigolo qui fait penser à un *hec* dégoûté. Alice connaît d'autres mots qui finissent comme ça : maniaque, bosniaque, démoniaque. Ou bien encore patraque, baraque...

Vraiment, c'est un mot plein de bonds ! Un mot à facettes. Un mot comme une armoire avec des tiroirs cachés. Ça me plaît, se dit Alice. Finalement, est-ce nécessaire d'en connaître la signification ? Si Grand-Père est insomniaque, c'est sans doute son droit, son plaisir.

Tout de même, la curiosité est la plus forte. A la première occasion, l'air de rien, Alice pose la question qui lui brûle les lèvres :

– Qu'est-ce que ça veut dire *insomniaque* ?

– C'est quand tu n'arrives plus à dormir autant que tu le voudrais, raconte Grand-Père en marchant le long de la mer, la main dans la main d'Alice.

– Qu'est-ce que tu fais alors ?

– Je me raconte des souvenirs de quand j'étais petit.

– Ça te plaît ?

– Souvent.

– Et quoi encore ?

– J'invente des histoires pour toi.

– Alors moi aussi je veux devenir insomniaque.

– Ce n'est pas toujours si drôle : parfois je me fais du souci.

– Pour quoi ?

– Ce que je vais devenir quand je ne pourrai plus me débrouiller seul chez moi.

– Ne t'en fais pas ! Puisque je veux devenir insomniaque, moi aussi, je pourrai aller te raconter mes histoires.

Grand-Père a un grain de sable dans l'œil et doit s'arrêter pour l'enlever avec un coin de son mouchoir.

Le royaume d'Alice

Alice est dans son domaine. Le grenier défendu n'a pas de secret pour elle. Papa en a condamné la porte car il craint que quelqu'un ne s'y blesse. Le plancher n'est pas sûr : des lattes de bois vermoulues risquent de s'effondrer. Mais Alice est convaincue qu'elle est trop légère pour passer au travers. Alors elle défie l'interdit.

La porte principale, fermée à clef, résiste à toutes les pressions. Par contre, derrière l'étagère en bambou du palier, Alice a découvert une porte couverte d'une tapisserie qui la dérobe aux regards. Il suffit de déplacer légèrement l'étagère pour entrouvrir la porte et se faufiler dans l'antre sombre.

L'obscurité et le silence feraient peur à n'importe qui, mais pas à elle. Son grand-père dit qu'elle est « intrépide » ; Alice est fière de ne pas renoncer devant les obstacles. Elle chantonne à voix contenue pour se tenir compagnie.

D'ailleurs elle a repéré le moment du jour où le soleil transperce l'œil-de-bœuf et vient inonder d'une chaude clarté l'espace poussiéreux qui n'a plus rien d'effrayant.

Assise sur un pouf dépenaillé, elle contemple son territoire. Elle lève le nez vers la voûte aux poutres apparentes. On dirait une nef de bateau à l'envers. Un jour, elle a accompagné ses parents sur un chantier naval. Elle y a observé de grands bateaux en cale sèche. Une autre fois, elle est entrée dans une église ancienne : le plafond ressemblait à celui-ci.

Ici les bruits de la maison parviennent étouffés. Alice s'amuse à les identifier. Dehors, Papa tond l'herbe, son grand frère fait vrombir sa mobylette. Dedans, Maman écoute chanter son cher Jacques Brel, le son à fond ; Anaïs utilise le sèche-cheveux pendant des heures. Mais ce qu'elle préfère, ce sont les murmures du grenier : le bois craque, une souris sans malice sort la tête de son trou, un moineau étourdi vient heurter la vitre du bec.

Elle reconnaît toutes les odeurs. Celle de vieux papier des journaux jaunis, empilés dans un coin. Celle de la peau de mouton suspendue à un fil. Elle l'a décrochée pour s'en faire un tapis ; c'est doux sous les doigts et les fesses. Si elle ne craignait de dévoiler le pot aux roses, elle préviendrait Maman que les mites se sont emparées des vêtements dans la malle en osier.

Alice emporte souvent des gâteaux secs à grignoter ; le chocolat n'a pas le même goût dans le grenier que dans la cuisine. Elle aimerait une boisson d'accompagnement, mais aller la chercher déclencherait l'alerte. Parfois, lorsque Alice oublie l'heure, un soupçon rôde dans la voix de Maman :

– Alice, d'où sors-tu encore ?

Alice est certaine que pour vivre, il faut un jardin secret. Un lieu à soi dans lequel personne ne pénètre. On peut se raconter des histoires, se réciter des comptines, rêver tout son saoul. Se retrouver soi-même, et c'est bien nécessaire.

Sous une carpette trouée, Alice a déniché un tabouret bancal. Elle y monte et se hisse sur la pointe des pieds. De là, elle épie le village sans être aperçue. Tout près, elle remarque la cour de récréation de l'école et son préau désert. Plus loin, les champs de maïs, le facteur en tournée. Des choses ordinaires mais qui, d'en haut, prennent un autre relief.

C'est ainsi qu'Alice a été la première à repérer le début d'incendie dans le clocher de l'église. Elle est descendue en trombe, elle s'est mise à hurler dans la rue comme on fait au cinéma :

– Au feu !

Son cri a provoqué un fameux branle-bas de combat, au point qu'on a presque oublié la présence d'Alice. Peut-être est-ce mieux ainsi. Elle se sent une vocation de star. Demain, on parlera d'elle à la une du journal local ; elle paraîtra aux actualités télévisées, peut-être.

D'émotion, Alice sent le rouge lui monter aux joues. Mais... Mais Maman, la futée, ne manquerait pas d'interroger :

– Comment as-tu pu voir ça ?

Et ça, Alice est résolue à le garder pour elle. Personne ne m'enlèvera mon royaume, se jure-t-elle.

La cravate

Un coup de cravache, oui ! Un coup de cravache, voilà ce qu'Alice éprouve en remarquant que son père ne porte pas la cravate qu'elle lui a offerte. Douleur. Jalousie. Cœur serré, larmes aux yeux. Il ne m'aime pas. Il ne m'aime plus.

Qui lui a donné la cravate qu'il arbore si fièrement à la table de fête ? Elle la détaille sauvagement : soie grège et motifs verts, une cravate coûteuse sans éclat, alors que celle qu'elle a confectionnée...

Cette cravate, Alice en avait choisi le coton bleu ; elle aurait préféré de la soie, un mot si doux quand Maman le prononce, mais la maîtresse s'était récriée : « La soie est bien trop chère, que pensez-vous ! » Elle avait aussi choisi les ballons multicolores qui orneraient la partie large. Ses doigts novices s'appliquaient ; le fil cassait ; il fallait encore enfiler l'aiguille ; le chas (« Attention ce n'est pas un chat ! » disait la maîtresse) était toujours trop étroit et le bout du fil, soigneusement mouillé jusqu'à en devenir gluant de salive, ne trouvait pas le passage invisible ; puis c'est le ballon jaune qui avait disparu ! Elle avait fini par le retrouver collé au violet.

En dépit de son application – joues rouges, perles au front, mèches en bataille –, on voyait les points trop gros, en surcroît. Mais, dans l'ensemble, c'était une cravate tellement joyeuse.

– Comme des bulles de champagne qui s'envoleraient pour mon anniversaire.

C'est ce que Papa avait dit lorsque Alice s'était résignée à se séparer de sa merveille pour la lui donner, soigneusement emballée dans un papier cadeau mirifique, subtilisé dans une grande surface.

C'est vrai, Papa avait paru réellement heureux lorsqu'il l'avait dégagée de sa gangue, lorsqu'il l'avait caressée, soupesée, lourde de son poids de tendresse malhabile. Alice jubilait :

– Mets-la, Papa ! Mets-la tout de suite !

Il avait hésité, puis il avait enlevé la cravate professionnelle et noué la cravate enfantine.

Piaffante, Alice l'avait entraîné vers le miroir :

– Regarde !

– Superbe !

Bisous, câlins. Mon papa à moi.

Et aujourd'hui ! La petite fille regarde cet homme qui n'a d'yeux que pour la femme en face de lui, celle qu'il appelle Chérie comme s'il avait oublié qu'avant, Chérie, c'était Maman. L'Autre, la femme qu'elle déteste.

Tout à coup, Alice comprend : c'est elle, l'Autre - elle refuse de l'appeler par son prénom –, qui a dû lui acheter cette cravate ridicule en bête soie, cette cravate toute faite, dans une boutique de luxe, avec la marque étalée qui saute aux yeux. Une bouffée de colère, un torrent de fureur. Tristesse ravageuse.

Au milieu du brouhaha, Alice quitte la table. Elle monte dans la chambre de son père, ouvre l'armoire, décroche *sa* cravate, la bleue à ballons multicolores, points malhabiles, cœur gros.

Armée des ciseaux à ongles dénichés dans la salle de bains, méticuleusement, Alice découpe son offrande en mille morceaux qu'elle éparpille sur le lit, le lit où Papa-Maman l'ont faite, le lit où Chérie prend toute la place, tout l'espace.

Dans le miroir, elle capte son visage serré, noir, étrange. Moi je.

Pâle et calmée, l'enfant regagne sa chaise. Papa n'a même pas enregistré son absence : il est en train de rire, de verser du champagne dans la coupe de l'Autre. Quelques gouttes éclaboussent la soie grège.

– Le champagne ne tache pas, assure Chérie.

La longue journée

– *C'est bien, Papa, d'avoir une longue journée !*

Du balcon où je déguste le thé de l'aube, je vois l'enfant roulant droit sous son chapeau de toile orange ; short et polo blancs doivent sentir le linge frais repassé, mais je ne respire que l'iode marin. Musclées, les jambes pédalent allègrement, trop vite pour que je puisse saisir le sourire du père dans la roue. Lui aussi tout de blanc vêtu.

Ils sont loin mais l'exclamation ravie flotte dans leur sillage :

– *C'est bien, Papa, d'avoir une longue journée !*

Une ? Précieuse entre toutes. Une à soi qu'on défendra bec et ongles, qu'on savourera voluptueusement.

Ont-ils échappé à une mère tatillonne :

– Tu as vu l'heure ? J'avais rappelé qu'on déjeunait à midi. Tu rapportes du sable dans l'appartement, secoue-toi avant de remonter, je te l'ai dit cent fois ! Tes semelles sont encore pleines de goudron ; tu vas faire des taches partout.

Ont-ils pris le large, loin d'une famille trop grouillante ?

– Recule-toi, tu occupes plus que ta moitié du lit.

– A moi la douche ! Prem' !

– C'est à moi les patins, aujourd'hui.

Font-ils couple pour une semaine de vacances, la semaine du père ?

– Lundi prochain, tu retournes déjà chez ta mère.

– *C'est bien, Papa, d'avoir une longue journée !*

Foin d'hypothèses. Qu'importe après tout : ils sont deux à rouler, visiblement bien ensemble. Petit matin d'août dans la station balnéaire encore assoupie. Arrivés au bout de la digue, le gamin et son père doivent avoir tourné le dos à la Manche et cinglé résolument vers la forêt, les villages nichés dans le creux des collines boulonnaises. Ils filent, ils ne sont déjà plus que deux points à l'horizon de ma mémoire : l'imagination peut jouer !

La veille, ils ont vérifié le bon état des vélos – pneus, freins, chaînes, feux ; ils ont arrimé sur le porte-bagages pique-nique et anoraks – il peut pleuvoir au cours d'une longue journée ! Ils ont fixé l'itinéraire, mais pas trop, laissant place à l'imprévu. Ils ont remonté le réveil avant d'aller dormir tôt – il s'agit d'être en forme demain.

Ils se sont levés comme des voleurs, ils se sont glissés hors de l'immeuble silencieux. Premiers tours de roues dans la connivence rieuse. Griserie de l'accord :

– *C'est bien, Papa, d'avoir une longue journée !*

Ils ont croisé un lève-tôt qui les a dévisagés, complice ; ils n'ont pas levé les yeux vers le balcon d'où je les surprenais à vif avant d'en faire mes personnages de papier.

Ils ont humé l'air chargé d'embruns, ils ont glissé vers les allées entre les villas, contourné l'étang, ralenti sous les arbres.

Rouler sur les aiguilles sèches aussi glissantes que les rails de tram entre les pavés de la ville. Nommer les fleurs bordant les chemins : vipérines, centaurées, onagres. Repérer les oiseaux : goélands, sternes, mésanges, bergeronnettes. Souffler un peu, étendus sur la mousse, visages offerts aux nuages entre les branches. Rouler.

– Tu n'es pas fatigué ?

Se passer la gourde tout en pédalant côte à côte. Rouler. Muser.

– Tu veux qu'on s'arrête pour manger ?

Sur les aiguilles de pin qui picotent les fesses, dévorer à belles dents la baguette fraîche et croquante, mordre dans les tomates juteuses, écorcer une orange.

Rouler.

Jusqu'à la fin du monde qui viendra peut-être.

Au bout de la longue journée.

Revenue à ma table d'écriture, je me demande comment sera la journée pour moi. Dans une vie, à combien de *longues journées* a-t-on droit ? De celles qui commencent avec l'intime certitude d'un espace infini, déroulé devant soi comme un tapis de fête. *Longue journée*. Non de fatigue, d'anxiété et de tâches en miettes, mais comme un baiser de cinéma, un coucher de soleil dans la mer, un regard de tendresse ancienne. Un acompte d'éternité. J'y compte ; je la raconte.

Tu m'écoutes ?

ELLE consulte sa montre : presque seize heures. Déjà. Interrompre le repassage et aller chercher la petite à la sortie de sa classe ; se hâter avec elle vers l'école de son frère pour les emmener tous deux à la piscine. Ils s'étonnent :

– Maman, tu ne nages pas avec nous ?

– Non, ce soir je sors avec Papa, je dois rester coiffée.

Au retour, elle conduit l'aîné au cours de solfège avant de s'occuper des devoirs à la maison.

– Pourquoi n'y va-t-il pas en vélo ? a interrogé une tante. A son âge ! L'académie de musique n'est pas loin de chez vous.

– Je sais, mais Jean a peur qu'il ne se fasse renverser par un chauffard.

– En voiture aussi on peut avoir un accident, a continué la tante, implacable.

C'est ainsi : elle est le chauffeur de la famille. Elle aimerait lire le journal, mais le petit, couché tôt, a des cauchemars et l'aînée une leçon à réviser. Il sera presque temps de se faire belle pour sortir « en représentation » dans cet univers professionnel où son mari tient à ce qu'elle fasse bonne figure.

Elle se maquille, se coiffe, enfile une robe qui la met en valeur. Jean arrive en dernière minute, klaxonne impérativement et l'emmène. « Bonsoir les enfants ! » lancé à la cantonade. Elle n'aime pas qu'ils se gardent seuls, mais ce soir, elle n'a pas trouvé de jeune voisin disponible. Elle n'ose partager son anxiété : Jean se moquerait d'elle ; de toute façon, il ne supporte guère l'expression des sentiments, il fuit le dialogue. « Cela ne sert à rien de discuter. »

Il fut un temps où elle menait sa vie – enfin, une autre vie. Professeur des écoles, elle avait le don de susciter le désir d'apprendre, la confiance en soi. En dépit des horaires lourds, elle s'organisait, elle se sentait exister. A la naissance du deuxième, son mari avait décrété : « Tu resteras à la maison. » Pas question d'objecter. Qui l'aurait soutenue ? Ses parents ? Ils redoutaient qu'en l'absence de leur mère, les enfants ne soient négligés. Et le père absent ? La riposte avait traversé son esprit, elle l'avait gardée pour elle. Navrée, elle pensait : Et de moi, qui se soucie ? Depuis lors, je suis taillable et corvéable à merci.

Dimanche après-midi. L'ENFANT est à table et observe ses aînés, l'un après l'autre, l'air de rien. Ensuite, son regard inquisiteur se pose sur ses parents, préoccupés, toujours ailleurs. Ce n'est pas un repas de fête. Seuls les plats sont en commun. Où vont les pensées ?

Au dessert, sa sœur annonce :

– Cet après-midi, je vais au cinéma avec la voisine :

Le frère aîné enchaîne :

– Moi, je vais au foot.

Le père, distrait, fait répéter :

– Qu'avez-vous dit ? J'ai mal entendu.

Au lieu d'avouer : « Je n'ai pas écouté. » Les deux retracent leur programme ; le père poursuit :

– Moi, je ferai la sieste, je me sens exténué.

Maman est déjà levée et débarrasse la table. Inutile de l'interroger sur son emploi du temps, elle s'occupera de la vaisselle, du rangement ; elle videra le sèche-linge et formera les piles de vêtements que les enfants reprendront le soir en montant dans leur chambre. Elle aussi travaille la semaine. Aura-t-elle le temps de répondre au courrier urgent ?

Et moi ? s'affole l'enfant. Personne ne me demande ce que je vais faire. Est-ce que je compte pour eux ? « Notre petit dernier », claironne fièrement Papa devant ses amis, tout en lui caressant la tête, mais devine-t-il ce qui s'y agite ?

On vit sous le même toit, les uns près des autres, sans se connaître ni partager le meilleur. Jadis, chacun contribuait aux tâches du ménage ; chaque premier lundi du mois, on organisait ensemble le tableau des services. On décidait aussi de l'argent de poche, des abonnements aux revues, des sorties des uns et des autres.

Que s'est-il passé ? Quand avons-nous cessé d'être une famille ? Lorsque Papa a été en long déplacement professionnel à l'étranger ? Lorsque Maman a quitté son emploi ? Lorsque son grand frère a été malade ?

Je repars à zéro, clame la chanteuse à la télévision. Est-ce qu'on peut tout recommencer ? En plein désarroi, l'enfant s'avachit devant le petit écran.

LA JEUNE FILLE est étendue sur son lit d'hôpital, la jambe fixée par des broches métalliques, une perfusion au bras. Elle a dû s'habituer à l'inconfort de la position. Après quatre heures, ses amies se relaient à son chevet. Elles racontent les cours, les rencontres, le dernier film. La chambre vibre de leurs voix surexcitées. Elle se met à leur diapason.

Heureusement que l'autre lit est vide depuis deux jours, car elles auraient dérangé la voisine. Elle-même sent la migraine l'envahir sourdement. Elle n'ose dire à ses compagnes en effervescence qu'elle a mal, qu'il serait temps qu'elles s'en aillent. Une infirmière surgissant pour les soins s'en charge. Demain, à l'école, elles colporteront : « Elle a le moral. »

Après le repas frugal, la contre-visite de l'orthopédiste, le salut de l'infirmière de nuit, commence la croisière noire : elle en connaît l'austérité. Elle n'a plus envie de rire ni de crâner. Allumer la télévision ? Ce n'est pas elle qui répondra à ses questions. Va-t-elle sortir indemne de l'accident ?

Pourra-t-elle refaire du sport et commencer les études qu'elle envisageait ?

Elle demeure la petite fille qui harcelait les adultes de questions ; elle était le plus souvent renvoyée à elle-même : « On n'a pas le temps », « Ce n'est pas le moment », « On est déjà en retard sur le programme », « Tu ne comprendrais rien : nous-mêmes, nous nous y perdons ».

Dans le désert nocturne, les interrogations balisent son mauvais sommeil. Une surtout : Est-ce que quelqu'un m'aimera telle que je suis ?

L'HOMME ÂGÉ regarde par le rétroviseur : derrière lui s'efface l'appartement occupé pendant quarante ans. Il tourne difficilement le cou durci par l'arthrose vers la vitre arrière afin de saisir la dernière image. Sa fille aînée est au volant ; elle le conduit dans la maison de repos – éternel ? – que les trois enfants ont choisie pour lui lorsque les pertes de mémoire se sont accusées, peu après la mort de sa femme.

On ne lui a pas demandé son avis. Les discussions ont eu lieu à son insu. Il ignorait qu'ils étaient à la recherche d'une maison de retraite. L'étonnement l'a laissé muet, pâle, défait : Je ne suis pas un enfant, tout de même ! J'ai voix au chapitre, c'est ma vie.

– Allons, papa ! Il faut être raisonnable, tu ne peux plus rester seul. A ton âge, les escaliers sont dangereux.

– Nous habitons loin de toi et nous sommes inquiets, nous n'en dormons plus !

– Tu verras comme tu seras bien là. Tu auras des amis, tu ne devras plus te préoccuper de tes repas.

Qu'aurait-il pu rétorquer ? Ils savent mieux que lui, tous les trois. Il aurait pu dire qu'il aimait ses voisins d'immeuble. Que cela lui plaisait de descendre une fois par jour lire son journal au café du coin et une fois par semaine faire ses courses chez les commerçants du quartier ; même de cuisiner sommairement : à quatre-vingt-cinq ans, on mange si peu. Il aimait la rue animée, saisie de son troisième étage, les rumeurs de la ville, la visite impromptue d'un gamin venant lui emprunter un dictionnaire. Cadre familier, humbles services, une vie.

S'est-il jamais plaint ? Au fond, ne serait-ce pas eux qu'ils protègent, plutôt que lui ? Mais comment faire comprendre à ces adultes perpétuellement débordés, si sûrs de leur bon droit, avides d'organiser ? Il a capitulé. Après tout, ils ont peut-être raison : comment fera-t-il lorsqu'il ne sera plus valide ?

On ne l'a pas consulté. Mais lui, consultait-il sa femme, ses enfants ? Il imposait tout avec une autorité qu'il jugeait naturelle. Juste retour de manivelle.

Il regarde ses mains tavelées, elles qui exerçaient un pouvoir sans conteste. Bon Dieu, si c'était à refaire !

A l'étranger

Le facteur passe de bonne heure et ne sonne pas ; si l'on s'éveille plus tard, le courrier attend au chaud et c'est toujours émouvant d'ouvrir la boîte à surprises. Aujourd'hui, une lettre d'Héléna ; avant d'identifier le timbre tchèque, je reconnais l'écriture aiguë. Je m'installe pour la savourer.

Histoire d'une amitié. Lors d'un stage à l'école d'art La Cambre, la jeune graphiste pragoise logeait chez un de mes enfants et celui-ci l'avait tout naturellement ramenée à la maison en fin de semaine. Nous avions sympathisé en dépit de la différence d'âge, nous avions échangé lettres et dessins.

L'année suivante, en séjour à Prague, je lui avais fait signe et nous avions visité ensemble l'impressionnante collection de collages de Jiri Kolar : grâce à Héléna, j'avais compris bien des allusions qui m'auraient échappé, j'avais goûté la fantaisie des titres qu'elle me traduisait mot à mot avant de tenter de m'en livrer le sens second.

Ensuite nous étions allées nous dévergonder dans une taverne. A mon retour, j'avais reçu une lettre amusante, reflétant à la plume notre équipée.

Allions-nous en rester là ? La bourse d'études aux Beaux-Arts de Paris, le Prix de l'affiche à Angoulême, puis un été comme jeune fille au pair en Ardennes nous avaient offert de nouvelles occasions de rencontres.

Héléna et moi, nous engrangeons un vrai passé d'amitié, bourré de souvenirs cocasses et tendres. Si je me demande encore ce qu'elle peut bien me trouver, je sais que, moi, je suis attirée par sa tranquille audace, une forme d'exigence un peu rêche, un trajet de vie très différent de celui des jeunes que je fréquente ici. De toute façon, on connaît la règle : parce que c'était elle, parce que c'était moi.

Chère Madame,

Je vous souhaite un joyeux Noël de ce coin de Bohême où je suis venue rendre visite à ma belle-sœur. J'ai fait cette longue route pour tenter de rencontrer un des êtres les plus bizarres que j'aie jamais connus, une femme presque inaccessible ; on ne sait jamais comment l'aborder ni comment lui parler. Et cependant quelque chose en elle m'a toujours attirée, fascinée.

Un quelque chose que je ne parviens pas à définir et qui fait que, ce soir d'hiver sombre et humide à ne pas mettre un chien dehors, je me trouve ici, dans sa cuisine, près d'elle, à tourner mentalement autour de l'énigme qu'elle incarne. Depuis combien de temps déjà ? Comment la rejoindre ? Je pleure tout doucement et je risque :

– Comment allez-vous ?

– Ça, je refuse d'en parler.

Nous nous taisons. Je me sens terriblement mal à l'aise. Je vois bien que je la vexe, qu'elle est convaincue que tout est de ma faute ; et d'ailleurs, je me sens coupable, je suis coupable, je suis toute petite. Je me mouche et j'aventure :

– Qu'est-ce qu'on fait demain ?

– Je croyais que tu étais venue voir mes enfants.

– Oui. Et pour te voir, toi aussi.

Nous nous taisons. Je pleure si doucement qu'elle ne peut le remarquer. Je commence à écrire une lettre à une autre personne, dans une autre langue – celle que vous lisez en ce moment ; cela me paraît extrêmement impoli, mais que faire lorsque parler est interdit, lorsque tout ce que je dis noircit dans ma bouche ? D'où vient cette impuissance ?

Elle demande tout à coup :

– Et toi, ça va ?

Que répondre ? Que faire de « ça » ?

– « Ça », difficile d'en parler.

A quoi bon ? N'avons-nous pas renoncé à échanger autre chose que « Ça va ? » et, d'ailleurs, n'est-ce pas le plus important... ? « Ça va ? » plutôt que ces mille bêtises que je m'apprêtais à raconter, dont j'étais presque fière et qu'elle a stoppées avant même que j'aie ouvert la bouche.

A présent, me voici seule dans la cuisine. Ils dorment tous les trois : ma belle-sœur et ses deux enfants. Comme je me sens désemparée. Pourtant, je n'ai pas rêvé : on s'est parlé quand elle était jeune. Est-ce toujours ainsi quand surgissent les enfants : fini de causer, fini de rire ? Plus besoin de mots sinon « Comment allez-vous ? Ça va ? », le reste étant indigne d'être exprimé... Ce qui compte, c'est le repassage et le repas de la famille.

– Ouvre la fenêtre quand tu iras dormir, m'a-t-elle lancé avant d'aller se coucher.

Quoi d'autre aurait de l'importance dans cette vie dure et fatigante ? A-t-elle la vie dure ? Peut-être que, moi, je prends tout trop à la légère ? Muette tout à l'heure, j'avais la tête vide, traversée de toutes les niaiseries sans poids dont on se nourrit pour se cacher les choses de valeur, celles-là mêmes que ma belle-sœur voyait, elle, et dont elle ne me disait rien.

Sa tête de martyre lorsqu'elle continuait en silence son repassage et puis : « Ouvre la fenêtre... » C'est tout, oui ; je me tais aussi, mais finalement rien n'a eu lieu. J'ai continué à laisser courir ma main sur le papier, à bavarder au crayon, tout en pleurant, sourdement.

Le lendemain, ça va. Je m'occupe des enfants. Avec eux je suis tranquille, comme toujours, et puis ils me parlent ! Je peux jouer, tracer une route dans le sable, conter des sottises. Puisqu'elle m'a interdit de l'aider (« Je déteste qu'on s'occupe de mes affaires à ma place »), je joue. Nous allons dans la forêt pour lui ramener des branches. Nous l'attendons devant la maison comme elle nous l'a recommandé. Même si on ne peut plus se parler, on peut peut-être encore se comporter en amies ? Je n'oublie rien : elle m'a donné un manteau quand j'avais froid, elle a préparé de la soupe, tout ce qu'il fallait pour continuer à vivre, sans prononcer un mot inutile.

Dans le bus qui me ramène à la maison – quel bonheur ! – je regarde la route se perdre dans le noir et la pluie, les maisons accroupies sous les nuages et le vent, les fenêtres étroites s'excusant presque auprès de la nuit de la déranger par leur lumière...

La colère s'empare de moi. Mais pourquoi est-ce que je me laisse faire ainsi ? Pourquoi, hier, dès que j'ai aperçu sa tête à la porte, ne suis-je pas repartie immédiatement et pour toujours ? Elle, elle l'aurait fait sans hésiter, comme elle fait tout ce qu'elle ressent. Elle, elle a la force de refuser, d'humilier, de rejeter ses amis. Mais qu'est-ce qu'on t'a fait, dis ? Pourquoi as-tu manifesté, pendant toute la soirée, que je n'étais pas vraiment la bienvenue ; que tu en avais assez (bien avant que je dise quoi que ce soit) de mes raisonnements, de mes excuses, de ce bazar inutile lorsqu'on est fatigué ? Tu assures ton énorme repassage, tu nettoies l'escalier jusqu'à en crever, en repoussant mon aide violemment. C'est toi, la maîtresse de maison. Personne n'a rien à dire ici lorsque tu ne le désires pas.

Crève alors, tête de bois ! Crevons toutes les deux, à qui la première ? J'ai un morceau de glace à la place du cœur, je ne te l'offre pas. Ton visage exprime clairement que je suis vilaine ; il me sert de miroir. Je ne dégèle pas, je m'excuse et tu me détestes.

Mais non, ce n'est pas cela : ma belle-sœur est hystérique, incapable de se maîtriser. Je suis bête de me laisser impressionner. Elle n'est pas normale, c'est cela ; il faut bien le reconnaître, n'est-ce pas ?

Et tout s'efface, disparaît. Le paysage change, les

maisons perdent le style caractéristique de la région, je parle aux gens de manière habituelle ; je connais d'avance leurs réactions.

Je retrouve mes pantoufles, ma table de travail, comme si je revenais de l'étranger. L'étranger, c'est une chemise où vous croyez retrouver tout naturellement les manches et où il n'y en a pas ! Ça vous surprend, vous ne savez que faire de vos bras inutiles, et personne ne prend conscience de votre désarroi. Si vous voulez comprendre, vous devez changer, c'est pourquoi j'aime partir.

Tout à coup, je vois clairement que l'étranger est ici, dans ma propre famille, je n'ai pas besoin de partir pour trouver un autre mode de penser. Au fond, il n'y a pas d'étranger. Il n'y a que des cœurs et des chemins qu'il faut débarrasser de la neige ; parfois, c'est difficile.

Chère Madame, ne vous ai-je pas trop encombrée de mes réflexions ? J'ai éprouvé le besoin de faire quelque chose de concret, de réel : cette lettre commencée là-bas et terminée ici. Parfois, les signes, ceux que je trace en écrivant ou en dessinant, me permettent de survivre.

Je sais bien que ce que je vous raconte n'a rien d'extraordinaire ; ce n'est qu'une petite histoire à rire et à pleurer, comme il y en a tant dans notre vie et surtout dans nos rapports tortueux avec les autres. Vous vous mettrez à ma place, vous comprendrez, j'en suis certaine, en dépit de mes maladresses.

Je viendrai vous rendre visite avant longtemps.

Héléna.

Sa signature a des allures de dessin hiératique. J'en connais chaque trait et cependant je la scrute, en quête de quel secret ?

Suis-je réellement ici, dans ma propre cuisine qui clignote sous son néon incertain ? Le souffle de ma jeune amie me rejoint à travers la grisaille de ce matin d'hiver. Touchée au vif, une fois de plus. Oui, je comprends Avant midi, j'aurai trouvé comment t'en convaincre, Héléna...

Je cherche pour toi ma plus belle carte postale.

Voici des années que j'ai reçu cette lettre ; je l'ai conservée, j'ai pris plaisir à ajuster le texte, à rendre accessible en français certaines tournures obscures tout en préservant l'étrangeté d'une langue qui me fascine.

J'ai envie de donner à lire ce texte : il exprime si bien les impasses entre les êtres proches. Alors je tente à nouveau de joindre mon amie, dont je suis sans nouvelles bien que j'envoie chaque année l'un ou l'autre message là-bas ; sans doute a-t-elle déménagé. J'espère qu'elle accomplit ses rêves de création. Je redoute qu'il lui soit arrivé malheur.

Et voilà que miracle ! ce matin, une lettre tombe dans ma boîte : Héléna répond à mes questions, m'autorise à publier sa lettre de jadis, me raconte sa vie à son image, m'envoie le DVD d'un film d'animation qu'elle a réalisé – franchement génial comme je le découvrirai peu après –, ainsi qu'une photo de sa maison : elle est revenue vivre avec son compagnon non loin de sa maison d'enfance, mais elle n'a pas de petit. Elle me communique son adresse électronique et son site internet.

Nous recommençons à échanger. Elle rétablit aussi le contact avec mes enfants. Rien ne finit jamais.

Memento

Eric

Maman ! La voix pressante, frémissante, montait de lui, à son corps défendant. *Maman !* Toutes les nuits, elle hantait la maison. Sa robe verte en coton imprimé effleurait au passage l'accoudoir du fauteuil décoloré.

Il l'appelait : *Maman !* Visage pris dans le soleil de la fenêtre ; l'aura de la chevelure auburn. Elle ne s'arrêtait pas, glissait, fugace, d'une pièce à l'autre. Il la suivait dans la cuisine ; sa silhouette disparaissait à l'angle de l'escalier menant au jardin. *Maman !* Déjà elle s'effaçait entre les groseillers du jardin. Ainsi de ceux que sa mémoire poursuivait entre deux oublis.

Maman ! Il l'avait tant fait souffrir, elle, chère vulnérable, cœur friable. Jamais un geste de défense. Tout petit déjà, il feignait l'ennui lorsqu'elle lisait avec détachement les *Contes des Mille et Une Nuits* dans le livre cartonné aux illustrations naïves ; elle se heurtait à sa mauvaise humeur, poursuivait le fil de l'histoire en dépit de son hostilité déclarée.

Remords comme un fruit acide empoisonnant l'haleine. Où la rejoindre pour s'abattre à ses genoux, demander grâce ? Il marchait dans sa vie, le regard par-dessus l'épaule. Torticolis poignant.

Lui, Eric, n'avait jamais fait d'enfant.

Penché sur l'album de famille, il scrutait la photo intruse, ajoutée par quelle main perverse ? Près du jeune profil de sa mère, un autre visage tourné, attentif, presque tendre. Compagnon d'enfance, fiancé, parent disparu précocement ? Qui le lui dirait ? Tous les témoins enfouis avec, dans leurs bagages, la clef de cette rencontre. Cet homme avait-il aimé sa mère ? Et elle ? Autant jeter ses filets dans la neige. Qui es-tu, Maman ? Renvoyé au mystère.

Une seule certitude : cette femme l'avait mis au monde, l'avait nourri, réchauffé pour longtemps, l'avait poussé vers l'avant : *Va !* Son long regard sur sa nuque : *Va !*

Et il allait. Pourquoi la retrouvait-il dans ses rêves ? Quel message jamais délivré flottait sur ces apparitions obsédantes ?

Toi, ici ?

Comme dans les mauvais feuilletons aux péripéties prévisibles, aux dialogues désamorcés.

Toi, Maman ? Mais elle, filant son errance, et sur ses lèvres la question se figeait, impuissante. Ses mains dérapaient sur le vide.

MARC

La porte de la chambre à coucher se plaignit lorsque Marc la poussa très doucement afin de ne pas réveiller Fabienne. Ainsi autrefois, lorsqu'il rentrait tard. Il se souvint qu'il avait une mère. Il la vit telle qu'elle était quand elle les entraînait pendant les vacances d'été.

Qui m'aime me suive ! criait-elle en s'élançant à travers les dunes écrasées de soleil.

Bousculés dans leur sieste nonchalante, dérangés dans leurs taquineries sensuelles (*Tu me mets de la crème sur le dos ? Masse mes épaules !*), ils renâclaient mais finissaient par lui emboîter le pas. Ils jouaient jusqu'à l'heure du goûter à ces parties de *cache-cache* dont elle avait le secret fripon.

Parfois ils débusquaient un couple d'amoureux, s'appelaient intrigués vaguement inquiets, pouffaient de rires gênés. Elle intervenait violemment : *Laissez-les tranquilles !*

Un samedi, lorsque son père était venu les rejoindre, dans l'étroit couloir de l'appartement loué, il avait surpris l'étreinte de ses parents, bouches confondues, la main de son père lissant sa hanche, son gémissement à elle. Il s'était retiré sur la pointe des pieds. Quel âge avait-il alors ? Dans l'étagement des étés, il ne distingue plus les années, se livre à des recoupements (Sylvie n'était pas née ; j'avais les cheveux tout courts et Mathieu se moquait de ma brosse à reluire) : huit ans peut-être ? Etait-il jaloux ?

Marc aimait sa mère passionnément, mais elle ne lui appartenait pas, ne lui avait jamais appartenu : elle était à cet homme un peu sombre, admiré, redouté, ce père qui sortait et ressortait sans cesse de la maison entre deux appels téléphoniques et trois réunions. Sa mère et son père formaient un bloc au cœur duquel, à tour de rôle, chacun des enfants tentait de s'immiscer :

– *Papa a dit que et toi tu...*

– *J'en parlerai à Papa, nous verrons.*

La voix sans appel de leur mère. Inutile tentative de diviser pour régner. Ils étaient deux, dressés comme une forteresse en face d'eux. Un équilibre naturel des forces en présence.

Un dimanche, alors qu'il avait été confié à des amis parce que ses parents « sortaient » – le mot mystérieux l'affolait : *Et s'ils ne rentraient pas ?* – il les avait surpris émergeant bras dessus bras dessous du cinéma de la place : comme des gamins, ils avaient acheté une glace chez le pâtissier où il mendiait ses sucettes chaque matin et ils avaient disparu en se partageant le cornet dans un éclat de rire. Sans le remarquer, lui, sidéré au bord du trottoir.

Une nuit, il l'avait découverte hantant la maison obscure, le visage rétréci au milieu des cheveux défaits.

– *Tu es malade, Maman ?*

– *Non, va te recoucher.*

Elle avait un air tellement inhabituel qu'il n'avait osé insister. Il s'était blotti sous les couvertures, guettant un indice. Enfin, il avait perçu le bruit de la porte d'entrée, la démarche de son père, la voix haletante de sa mère penchée pardessus de la rampe :

– *Tu es là ?*

– *Grande sotte, bien sûr que je suis là.*

Leurs pas unis dans l'escalier, des cascades d'eau, un rire. Il avait succombé au sommeil.

Ainsi tournait-il autour de ce couple qui l'avait engendré. Il recomposait une trame de fils multicolores jusqu'à la déchirure brutale un midi d'automne. Sur le trottoir, les gouttes sanglantes des sureaux du jardin. Dans les rayons du soleil bas, le flamboiement de la vigne vierge au mur de la cour. Et la nouvelle comme un couperet : *Papa a été tué au volant de sa voiture.*

Elle, amenuisée, subitement passée à un autre âge, blanchie, marquée ; une maman qui n'était plus jeune. Ils l'avaient entourée, tous les six, pendant des semaines. Puis la vie avait repris. Ils étaient repartis vers leurs métiers, leurs amours, loin. Elle était demeurée dans la maison devenue trop vaste, partiellement louée à des étudiants.

Depuis quand n'était-il plus allé lui rendre visite ? Il n'osait faire le calcul. Ecœuré par l'usage professionnel du téléphone, il ne s'en servait plus que pour les messages urgents. De quand datait la dernière lettre ? De son anniversaire. Elle aimant tant le courrier, son cri chaque matin : *Le facteur !* comme un envoyé du ciel.

Quelle heure est-il ? Six heures. Elle doit être levée depuis longtemps à moins qu'on ne me l'ait changée.

– Maman ?

– Mon Dieu, Marc ! Comme tu as la voix de ton père... J'ai cru... Tu vas bien ?

– Je viens te voir dimanche.

– Merveilleux ! (Pas de reproche dans sa voix.) Fabienne et les enfants t'accompagnent ?

– Qui m'aime me suive !

Son rire d'antan au bout du fil. Il lui apportera le livre qu'il vient de lire.

Les eaux profondes

Il vient d'apprendre la nouvelle, terrible nouvelle : l'ablation est nécessaire. Il est jeune encore, et tant de projets, de liens. Nombreux sont ceux qui attendent de lui le meilleur, le jugent irremplaçable.

Coup de tonnerre dans un ciel calme. On ne peut mesurer l'impact d'une annonce comme celle-là. Personne.

Depuis le verdict, il va comme un zombie. Gorge étranglée, suffocante ; entrailles nouées, torturées. Incapable de rien dire à qui que ce soit. Saisi d'une inertie dont il ignorait jusqu'à l'existence, lui, l'allant, le gaillard. Une accablante paralysie le cloue sur place, le rendant étranger à lui-même. Il ne se reconnaît plus. Et cette aliénation l'angoisse encore davantage.

Il fait vite cependant, coupe tous les ponts. Le téléphone, le fax, le courrier électronique sont condamnés. Au travail, il prévient : une maladie de longue durée. Il s'éclipse sans rien avouer. Il fuit, clandestin, il se terre. Dans l'entreprise, le pont de la Toussaint favorise la discrétion : chacun indifférent, égocentrique, mobilisé par ses propres obligations. Son absence passerait presque inaperçue.

Les épreuves se succèdent. Le pré-opératoire, l'intervention, la chimiothérapie dont il ne supporte même pas l'idée : ce poison inoculé dans son corps. Tétanie. Une rébellion radicale.

Une sidération. Chez lui, des heures debout devant la fenêtre de son immeuble sur le boulevard de ceinture que l'hiver désole, les terrains vagues à perte de vue et la nuit précoce. Surtout, cette impossibilité de s'ouvrir, de se livrer. Il hurle au-dedans, il mobilise ses forces pour ne pas s'écrouler.

Devenu l'ombre de lui-même. Les amis s'étonnent d'un silence qui ne lui ressemble en rien. Son absence prend corps.

Je croyais être une de ses meilleures amies. Pas la meilleure ni la seule : il n'est pas homme d'exclusivité ; trop libre pour tolérer ce type de dépendance. Mais tout de même, une amie en connivence avérée. Je croyais.

Et voici que j'apprends l'événement avec un grand retard par la bouche d'une intermédiaire. Je reçois la nouvelle, violente, et l'excuse, embarrassée : « S'il t'en parlait lui-même, il s'effondrerait, alors il m'a chargée de... », rapporte la messagère, consternée. Je suis sans mot.

Je demeure incrédule, hébétée ; entre détresse,

compassion et colère. Au fil des heures, j'oscille entre deux pôles. Le désir de me manifester, de voler à ses côtés, d'exprimer ma tendresse. Et la stupeur, le ressentiment. La tristesse aussi : je me suis leurrée ! Nous ne sommes pas à égalité. Je tiens plus à lui qu'il ne tient à moi ! L'attachement n'est pas réciproque. Il m'a tenue hors jeu. Je pleure sans vergogne, sur lui, sur moi.

J'apprends à me taire. Un jour, cependant, j'ose déposer dans sa boîte une cassette audio d'une musique qu'il appréciera, je crois – je ne suis plus sûre de rien –, accompagnée d'un mot limpide. Je n'attends rien, je m'installe dans un douloureux mutisme réciproque.

J'ai mal pour lui, pour moi, pour tous ceux qui l'entourent dans l'impuissance. J'ai peur aussi. Je ne supporterais pas de le perdre.

De loin en loin, et partiellement, je réussis à entrer dans sa dynamique : il préfère le silence qui peut-être lui permettra de tenir, de se contenir, de guérir. Il oppose bravement ce rempart opaque aux commentaires, aux langues amicales, à la rumeur toujours teintée de curiosité. La sale pitié. Il a raison. Il y a tant de retour sur soi dans l'intérêt porté à autrui. Lorsque je participe à des funérailles, il me semble parfois que les personnes versent plus de larmes sur elles-mêmes, leur propre mort, que sur le défunt et les siens. Une sorte de prétexte accepté.

J'entrevois une forme de résistance, de dignité, une façon de réagir peu courante, mais qui se justifie, après tout. L'amitié prend le dessus. Je te comprends d'une certaine manière et je t'approuve. Mais tout de même ! je t'en veux obscurément de me tenir à distance. Moi aussi je suis écorchée vive, je crie à bouche close.

On me considère comme son amie intime, alors on m'interroge souvent, trop souvent. Je ne peux que répondre : « Il préfère qu'on le laisse traverser seul une passe difficile. » On essaie de m'arracher des informations, des détails, je tiens bon. Ne dois-je pas être à la hauteur ?

Ne pas parler. Alors qu'alentour tout le monde raconte, bavarde, se débonde, se répand. Son silence n'est-il pas inhumain, sinon pour lui, du moins pour les autres ? Contre nature, aurais-je dit avant, mais je n'en suis plus certaine. Est-ce qu'il y a une norme ? Chacun vit et souffre comme il peut, tant bien que mal.

Je ne demande plus rien. Je me suis accoutumée à la règle qui ne me pèse presque plus, m'apaise au contraire. Demeure l'inquiétude pour lui. Pourvu qu'il...

Parfois filtrent des nouvelles indirectes :

– Il arrive au bout du traitement.

– Il a choisi la boule à zéro : ça lui va bien et c'est la mode.

– Il a meilleure mine, mais il faudrait qu'il se remplume.

Je suis assise à côté d'une de ses filles au cinéma : je la découvre enceinte, je m'en réjouis. La vie toujours la plus forte. A la gare, je croise un autre de ses quatre enfants : il me décoche un sourire complice, je respire mieux.

Je l'entrevois, lui, par hasard, mais il se dérobe, disparaît dans la foule. Silhouette maigre, écorchée, familière. A nouveau, le choc, la blessure. Je reste vulnérable. Comme lui.

« Les derniers bilans sont bons », m'apprend la généreuse messagère. L'espoir prend le dessus. Aujourd'hui, la médecine fait de tels progrès, je veux m'en convaincre. Dehors le printemps s'affirme : les bourgeons explosent, les troènes embaument, les étourneaux se chamaillent, l'écureuil roux s'envole – bientôt il disparaîtra sous les feuillages.

– Me voici.

Il est là, sur le seuil, changé, pareil. Il porte des vêtements qui l'étoffent, le mettent en valeur ; ses cheveux repoussent drus. Il sourit, gamin. Pas question de poser une question ni de faire la moindre allusion. On se tient.

Il reprend le travail, les engagements divers. Il me téléphone. Des projets se dessinent. Le courrier électronique retrouve sa fluidité. Tout recommencerait donc. Est-ce que je suis sur la défensive ? Non, la rancune m'est étrangère. Un jour peut-être pourrons-nous échanger nos expériences avec sérénité. On ne sait pas. Ne rien forcer.

Deux ans déjà. Le temps s'emballe. L'aînée de ses filles, celle que j'avais rencontrée au cinéma, attend un autre petit. Il a retrouvé son allure, figure de proue. Sa vitalité est accrue. Alors je peux donner libre cours à la mienne.

Il m'étonnera toujours. Enfantin et mûr. Neuf et sage. Je l'admire.

Autour de nous, chacun paraît avoir oublié. La vie va, courante et remuante. La mémoire est si courte, et c'est tant mieux.

Plus tard, bien plus tard, il dira d'une seule traite :

– Je n'arrivais pas à parler de ce que je vivais et que je refusais. Me taire et aller, avancer dans le noir, la terreur. Manière de survivre. Je savais que vous étiez tous là, proches, que vous souffriez, j'avais honte, mais c'était plus fort que moi. Toi, je redoutais que tu m'entraînes dans des projets que je ne puisse pas suivre.

– Comment imaginer ?

– Tu sais combien je suis fier.

Fier, c'est un mot à lui, un mot de chez nous. Farouche, orgueilleux, intransigeant, tout à la fois. Un résistant dans l'âme, à l'écart de toute vulgarité, au mépris de la pitié, des mots de rien, des mots pour rien.

Moi je ne peux qu'avouer la surprise, la solitude, le sentiment de déréliction ressenti cruellement. Mais aussi le désir de comprendre, de dépasser, de creuser.

Trois ans. Nous voilà en tête à tête détendu.

– Je te demande pardon.

– Non, tu as eu raison.

Il fait un signe de dénégation, il est ému, le fier. Je m'obstine :

– J'ai beaucoup appris par toi, grâce à toi.

Les coupes de champagne vibrent sous le choc léger.

L'angle mort

Ce soir de vent tempétueux sur la ville, de pluie battant la fenêtre de sa chambre sous les combles, Didier s'est senti tellement mal (« Va te faire sentir par quelqu'un d'autre », aurait ironisé Nathalie) qu'il a eu peur de lui-même. Appeler Médecins de nuit et mendier un calmant, une piqûre, n'importe quel remède à l'angoisse, à ses crises de plus en plus violentes.

Rien que d'avoir pris la décision, avoir formé le numéro, avoir entendu la voix au loin, semble desserrer l'étau qui comprime sa poitrine depuis des heures. *Qu'est-ce que je deviens ? Qu'est-ce qui s'affole en moi ?* En attendant l'arrivée du médecin, il a tenté de s'accrocher à un magazine, mais les images flottent devant ses yeux, les mots alignés paraissent dépourvus de sens. *Qu'est-ce qui m'arrive ?* Peur de sa peur.

Des pas escaladant quatre à quatre l'escalier, la sonnerie impérative. Dans l'encadrement de la porte un homme assez jeune, veste de cuir, jeans et baskets. Didier se voit en chaussettes, pyjama défraîchi et pull informe. *Je me laisse aller. Je ne suis plus présentable.*

– Docteur Kriek. Didier Anvaing ?

– Entrez.

Didier débarrasse la seconde chaise de la pile de vêtements en pagaille, repousse les reliefs d'une pizza. Le médecin s'assied en face de lui. Il lui faut bien peu de questions pour faire le tour du sujet.

– Depuis combien de temps cela ne va plus ?

– Combien de temps ?

Didier répète comme un débile. *A force de monologuer, je perds l'habitude du dialogue.*

– Je ne sais plus. J'ai terminé mes études en juin ; depuis six mois je cherche du boulot. La fille avec qui je vivais en a eu marre, elle est partie mi-décembre.

– Vos parents ?

– En province.

– Vous les voyez parfois ?

– Pas trop. Leur inquiétude me gêne.

– Vous n'auriez pas un thé, de quoi me réchauffer ?

Le médecin est très pâle.

– Bien sûr ! A quoi je pense !

J'aurais dû entendre la voix rauque. Il fait glacial et il doit être surmené. Je ne pense plus qu'à moi, je tourne mal.

– Habillez-vous. Venez avec moi.

Didier ne discute pas. *Pour une fois que quelqu'un me demande quelque chose.*

L'eau bout pendant que Didier enfile pantalon,

lainage, anorak et bottines derrière le paravent qui masque le lavabo. Ils boivent dans des bols marqués de prénoms, *Didier, Nathalie.* Une chevelure fugitive, une odeur. Le 10 décembre, la bougie rouge d'Amnesty International a brûlé toute la journée à la fenêtre. Cependant.

– Il y a longtemps que vous êtes médecin ?

– J'ai vécu cinq ans en Afrique ; je suis revenu au pays. Ma femme enceinte est morte dans un accident de la route. Je me suis jeté dans les urgences de nuit. M'étourdir de travail.

Didier reste sans voix. Le médecin poursuit :

– Si le malheur des autres ne vous console pas du vôtre, il le relativise parfois. Je vais un peu moins mal.

Voix hachée, gestes brusques. Il coupe court.

– On y va.

Ils descendent les marches abruptes. Des rumeurs de fête d'étage en étage. La cour vaguement illuminée de lampions que le vent s'efforce d'éteindre. Ah oui, le réveillon ! Ils montent dans la voiture assoupie au bord du trottoir.

– Vous allez m'aider. Il s'agit de repérer les domiciles des appelants, de chercher les adresses Voici la liste.

– Rue des Cerisiers, numéro 11. Après le croisement, ici, côté impair.

La voiture s'est réchauffée. Didier se sent mieux ou, plutôt, il ne sent plus la cage thoracique rétrécie, la gorge nouée. Le plan sur les genoux, il guide la manœuvre. Bâtiment à l'abandon, sordide, en dépit du nom de rue champêtre.

– Quel étage ?

– Huitième, m'a-t-on annoncé.

– Vous faites du sport, vous !

Le médecin disparaît sous le porche, laissant les clefs sur le tableau de bord. Didier s'étonne de la confiance accordée par un inconnu à un inconnu. Le revoici, déjà.

– J'ai fait appeler l'ambulance : une vilaine hémorragie sur fausse couche ou avortement, à traiter en hôpital au plus vite. L'ennui, c'est le gamin ! Heureusement la voisine accepte de le garder dans l'immédiat. Il faudrait que je sois accompagné d'une assistante sociale, mais une nuit de Noël, c'est l'oiseau rare !

– Je peux venir voir demain, si vous pensez que c'est bien, docteur Kriek...

– Pourquoi pas.

Deux rues plus loin, il sonne à la porte d'une maison retirée au fond de sa cour. Didier, seul dans la voiture sous un réverbère, a déniché un livre dans le vide-poches : *Le nageur dans la mer secrète* de William Kotzwinkle. *Connais pas. Jadis, je lisais tant ! Une vraie passion*. La couverture du volume étroit d'Actes Sud est surprenante : un bébé emmailloté dans un linceul. On dirait un enfant de bois, raidi contre la jeune mère frémissante. Un détail de Mantegna, déchiffre-t-il. Il commence :

– Johnny, je perds les eaux !

Du fond d'un océan de rêves, Laski s'élança pour tenter de trouver la surface. L'eau était sombre...

Didier scrute la rue noire. Partout les grandes crues. La parturiente, la patiente. Il poursuit, de plus en plus captivé.

– Je n'ai pas été trop long ?

Le médecin ouvre la portière, un souffle froid rafraîchit l'atmosphère de la voiture dont Didier a fini par faire tourner le moteur pour relancer le chauffage.

– Je n'ai pas vu l'heure passer, ce livre...

– Oui, c'est superbe. Et moi qui me faisais du souci, j'aurais dû y penser. J'ai eu beaucoup de mal à examiner un gamin qui se défendait ; j'ai pris tout le temps nécessaire pour l'apprivoiser. Un gosse maltraité ? A suivre.

Troisième arrêt : une station d'essence occupée par le pompiste ; une lucarne allumée au toit. A nouveau seul, Didier rouvre *Le nageur dans la mer secrète.*

Laski soutenait Diane, et son amour pour elle croissait avec chaque spasme de son corps.

Un enfant inconnu, surgi de l'obscurité, est venu coller son visage à la fenêtre près de Didier ; il a tiré la langue avant de se volatiliser. Didier ne sait plus bien où il est : dans la salle de travail aux côtés de cet homme qui soutient sa femme en train d'accoucher, ou bien ici, dans l'habitacle de cette voiture étrangère ?

Jamais il n'aurait cru se passionner pour une histoire d'enfantement dans le Grand Nord. Est-ce parce que le narrateur est un homme dont la sensibilité est proche de la sienne ?

Le médecin s'installe à ses côtés.

– On repart. Vous tenez le coup ? Moi j'ai l'habitude.

Didier ne réagit pas. Il est encore dans la maison sous la neige, près du couple recru de douleur.

– On se prendrait bien un café. Appelez-moi Baptiste.

Pause enfumée. Voix éraillées de fêtards.

A quatre heures du matin, Baptiste a déposé Didier, fourbu, devant son immeuble ; il lui a tendu le livre :

– Prenez-le ! C'est Noël.

Didier, touché au vif, gêné aussi.

– Moi je n'ai rien à vous offrir.

– On recommence quand vous voulez, et silence ! Secret professionnel. Merci !

Didier escalade les marches et s'écroule sur le lit. Sommeil sans somnifères, sans fantômes. Un enfant derrière une vitre givrée lui ressemble et lui sourit.

Ta peur me sauve

La violence du vent la réveille. Une vraie tornade. Quelle heure peut-il être ? Des portes claquent violemment, les châssis vibrent, des ardoises, malmenées, battent, prêtes à l'envol. En passant dans les arbres du boulevard, la tornade fait un fracas d'enfer et le vieil hôpital tremble sur ses assises.

Aline a peur. Est-ce à cause du mauvais rêve dont elle émerge péniblement ou de la tempête bien réelle, annoncée par la météo du soir ? Difficile à démêler. Elle cherche à rejoindre le sommeil enfui, puis tente de confier son malaise à sa compagne de chambre. Elle se heurte aux impératifs irrités : « Dormez ! Détendez-vous ! Demandez donc un somnifère ! » Un « Laissez-moi dormir » définitif étrangle toute communication.

Qui pourrait l'apaiser ? Petite fille, elle a souvent pleuré lorsqu'il lui fallait cuver seule son effroi. C'est dans cette enfance anxieuse qu'elle a pris mesure de la solitude, étroite cellule aux parois étanches, dont chaque être lui semble prisonnier. Comme jadis, elle perçoit la maigre voix, tellement triste, qui dit et redit : *Rien à faire. A quoi bon* sans point d'exclamation qui traduirait un sentiment, qui sait ? une velléité de réaction. Rien qu'un constat pur et simple. Chacun en lui-même. Cela suinte comme une blessure. Elle se le répète avec une complaisance un peu morbide, aujourd'hui comme hier. *Si seule.*

Aline n'a pas oublié la crise de la trentaine. Une vraie déprime, même si elle évite le mot, l'étiquette humiliante. Elle habitait alors un immeuble qu'elle détestait, HLM aux façades désespérément nues depuis que le linge à sécher avait été interdit aux fenêtres : vu de l'autoroute, il donnait mauvais genre à l'entrée de ville.

Elle avait peur, gravement peur. Surtout depuis qu'on avait retrouvé le vieux voisin frappé d'une crise cardiaque à la suite d'une panne d'électricité criminelle – des voyous avaient détraqué tout le système. Le service de maintenance du quartier, averti tardivement, l'avait découvert au milieu de ses déjections.

Lorsqu'elle osait quitter ce lotissement sinistre pour se risquer dans les rues commerçantes, elle était saisie d'un tremblement continu. Le goût du malheur. Elle épinglait les drames (le cycliste renversé, l'arbre foudroyé sur une voiture, le graffiti obscène) ; elle ignorait le baiser d'un jeune couple d'amoureux, la voiture évitant de justesse l'enfant échappé à la main de sa mère ou la féerie du soleil gris, pris aux rets des arbres chargés de gouttes d'eau frissonnantes.

Elle attendait interminablement des autobus approximatifs parce qu'elle ne pouvait plus supporter l'enfermement du métro, les « arrêts momentanés » continuels, la foule hâve et hâtive. La dernière fois qu'elle avait emprunté un tunnel et traversé un parking souterrain, c'était avec des amis motorisés ; elle avait mal caché son extrême anxiété. « Quelle angoissée tu es ! » avaient-ils souligné lourdement ; elle s'était sentie jugée, cataloguée. Le masque qu'elle était arrivée à se composer se fissurait.

Au fond, elle n'était plus au diapason de personne. Ce qui faisait la vie des autres lui semblait plus éloigné d'elle que les étoiles. Toute douceur interdite. Elle vivait cabrée, refermée sur son mal sournois. Elle avait fait le vide autour d'elle. Elle avait donné son répondeur à une collègue, elle n'ouvrait plus à personne. Se haïssait elle-même. Son mal n'avait pas de nom. S'était-elle assez moquée des déprimes que s'offraient ses voisins instables, ses amies trop gâtées, les membres de sa famille jamais contents. Allait-elle grossir leurs rangs ?

Les fêtes de fin d'année exaspéraient le vide. Le trop-plein de victuailles, dont les publicités bouchant la boîte aux lettres lui apportaient encore le reflet, lui donnait la nausée. C'est simple, ce soir, elle le passerait seule en dépit de quelques propositions qu'elle jugeait « de pitié » *(Qui peut m'aimer ? Qui pourrait apprécier ma compagnie ? Je ne suis pas intéressante)*. Elle avait résolu de jeûner.

Comme une balance secrète qui la ferait basculer du côté de tous les Sans du monde.

Elle tira les tentures sur le terrain vague séparant l'immeuble de l'autoroute, elle couvrit l'écran de télévision, écœurée par les applaudissements de commande sur les plateaux pailletés. Elle éteignit même les lampes et se replia dans le fauteuil à côté du lit.

Pourquoi la sonnerie s'obstinait-elle ? On voyait bien qu'il n'y avait personne. *Je ne suis personne.* Maintenant des coups sur la porte, peut-être même des coups de pied relayaient la sonnerie. Obligée d'y aller sous peine d'alerter tout l'immeuble. Des visages curieux avaient dû surgir à chaque étage. Elle se sentait nue déjà. L'enfant de la voisine était sur le seuil, suppliant :

– Viens, viens.

Il la saisit par la main et l'entraîna dans l'appartement jouxtant le sien, où d'ordinaire la musique couvrait les plaintes – souffrance et volupté. Aline trouva une femme jeune, étendue à même le sol, du sang sous elle. Elle portait des oripeaux de fête, aussi dérisoires que les guirlandes de la suspension. Se préparait-elle à sortir ? à recevoir ?

– Une ambulance, vite ! Je crois que je suis en train de faire une fausse couche.

Aline retourna dans la chambre ; elle alluma, rebrancha le téléphone, appela les secours. Elle courut rejoindre le petit agenouillé près de sa mère. Le médecin ordonna l'hospitalisation immédiate. Elle ramena chez elle l'enfant égaré, épuisé. Quel âge avait-il ? Trois ans, quatre ? Elle n'avait pas eu de petit, elle ne situait pas.

– Comment t'appelles-tu ?

– Carl.

Elle dénicha une bougie, une boîte de gâteaux secs ramollis, un sachet de soupe en poudre. Rien, elle n'avait plus rien. Elle étendit une serviette en papier blanc sous le festin du pauvre et versa la soupe à la tomate dans les bols. L'enfant observait, étonné :

– Tu n'as pas de serpentins chez toi.

– Toi, tu es là, Carl, et c'est la fête.

Il s'endormit sur son bras replié ; elle l'emporta dans son lit. Demain elle irait faire des courses avec lui. Ils iraient rendre visite à sa mère, cette femme plus seule qu'elle, bien qu'environnée d'un manège d'hommes.

Carl, le nom fondait sur la langue. Autour des cheveux mouillés aux tempes, la lampe formait une auréole dont le rayonnement la toucha jusqu'à l'âme. Aline prit soin de lui jusqu'à ce qu'il déménage avec sa mère.

Trois ans de cela. Rendue à l'aride solitude. Autrement, lui semble-t-il. Non comme une victime passive, mais comme une timide combattante. Où qu'elle soit, elle tente de jeter sa passerelle vers l'autre bord, l'autre main, l'autre lit.

Néanmoins, sa voisine d'hôpital semble rebelle à toute approche. Vraiment ? Elle ne s'y résignera jamais. C'est plus fort qu'elle, à la mesure même de sa détresse. Il lui arrive de penser que quelqu'un implore en elle, à son insu. Ou bien qu'un inconnu, un saint anonyme, prie pour elle, communie souterrainement, l'accompagne en secret. Une sourde certitude sans explication logique. Sa voisine de chambre en rirait. On tait l'essentiel ; on communique des riens.

A bout de patience, Aline se glisse furtivement hors des draps et sort dans le couloir qu'éclaire parcimonieusement la veilleuse. Elle s'étonne à peine de découvrir un adolescent, presque un enfant, sur le seuil de la chambre 308. Un bref coup d'œil vers la vitre du bureau dans lequel somnole la garde de nuit puis, d'un seul élan, ils se dirigent vers la cage d'escalier de secours. De justesse, car la lampe rouge clignote au-dessus du 319 et va déclencher des opérations nocturnes.

Le risque les a rapprochés. Ils ont poussé un ouf de soulagement en s'asseyant sur la première marche. La porte silencieuse à double vantail les a isolés du couloir, du risque de tout passage. Dès que la minuterie s'est arrêtée, ils ont été plongés dans l'obscurité. Spontanément ils se sont serrés l'un contre l'autre, comme de très vieilles connaissances.

Par la fenêtre haute ils aperçoivent le mouvement frénétique des cimes des peupliers du boulevard, torturés par le vent ; un sifflement continu s'insinue sous les portes. Maintenant, c'est un spectacle, non plus une épreuve. On se retourne, on voit par où on est passé, on en parle sans vergogne :

– J'avais tellement peur !

– Moi aussi ! dit le gamin. Raconte !

– Ecoute !

Douze coups venus de la cathédrale à travers la tourmente, des cloches provoquent la mémoire, délivrent mots et images. Un chant cuivré qui renoue avec le cantique très ancien, toujours aux aguets dans la conscience :

L'ange du Seigneur apparut à Marie.

D'où lui remontent ces mots qu'elle croyait oubliés, ces phrases et ce tracé imagé ? Elle écoute sa propre voix dévidant l'Histoire sainte, comme il y a quarante ans au catéchisme.

Comment cela se fera-t-il ?

Tôt le matin, la technicienne de surface qui entretient l'escalier les a retrouvés, garçon et femme, endormis dans les bras l'un de l'autre. Elle n'a pas déclenché l'alarme, leur a mis doucement la main sur l'épaule et les a invités à regagner leurs chambres respectives.

Après le travail, lorsqu'elle se retrouvera chez elle, elle racontera à son mari combien elle a eu le cœur serré. « On oublie, soupirera-t-elle, on oublie. »

Jeu de patience

> *Puzzle : jeu de patience fait de fragments découpés qu'il faut rassembler pour reconstituer une image.*

Je hais les grandes surfaces – leurs musiques sirupeuses, leurs sollicitations diaboliques, leurs foules égarées aux yeux de convoitise – mais, puisque les petits commerces avoisinants ont été contraints de fermer, je suis tenue de m'y rendre de temps à autre. Courage !

Je quitte la maison en proie aux odeurs de peinture depuis que j'ai pris la décision de rafraîchir l'étage, fatiguée de ce que j'appelle l'« odeur de vieux », souvenir de celle qui régnait chez mes grands-parents. Dès que j'entrebâillais la porte de l'escalier, qui montait vers la chambre de Bon-Papa et Bonne-Maman, je recevais en plein visage un parfum mou, fade, un peu sucré. J'éprouvais un bref haut-le-cœur en la traversant pour rejoindre ma propre chambre. Me voilà embarquée dans la croisière de mémoire. Pas grave, cela me tiendra compagnie jusqu'au centre commercial.

Je gare la voiture. Pas facile de trouver une place libre. Bon sang, demain, c'est la Saint-Valentin. Je vais avoir droit aux cœurs rutilants, toc et strass. Assaut de propositions. Surenchère de *Nous deux, Toi et moi, Dites-le avec un diamant.* Chansons au parfum. Courage !

Voilà, je suis au bout de ma liste. Chariot rebondi, je m'engage dans le dernier tournant avant la ligne d'arrivée : celui de la caisse, et soudain, juste devant moi, Paul, ce vieux Paul, drôle, inventif, chaleureux ; Paul dont je connais la seconde femme, plus jeune que lui, effacée, et leur fils handicapé léger. Son dos terne, son allure accablée m'interrogent. Un instant j'hésite à lui toucher l'épaule. Il se retourne :

– Toi !

Du même mouvement, il m'embrasse sur les trois joues.

– Comment va ?

– Bof !

– Des soucis ? graves ?

– *J'aurais besoin d'être amoureux.*

– Monsieur !

Voix irritée de la caissière qui contrôle mal son impatience. Paul s'exécute, pose sur le tapis deux bouteilles de mousseux, sort son portefeuille. Il jauge le temps qu'il me faudra pour vider mon chariot, le recharger, payer. S'il en avait le loisir, il m'aiderait, mais ce ne doit pas être possible. Qui ou quoi l'attend ?

Mes mains travaillent tandis que je rumine,

j'entends les mots sous les mots : être amoureux d'un être, de la vie. Pas cette chape de plomb de l'usure, du déjà-vu, su, vécu.

– Cent vingt-trois euros.

Et moi, aurais-je besoin d'être amoureuse ?

– Cent vingt-trois euros, madame ; vous payez par carte ?

Confuse, je tends trois billets. Envie d'être ailleurs.

Au moment où je transfère le contenu du chariot dans le coffre, je surprends un homme jeune penché sur un landau : il dialogue avec un tout-petit ; j'aurais envie de tracer un cercle de feu autour d'eux, de les mettre à l'abri de toute indiscrétion, de toute pollution. Il me renvoie à d'autres moments d'intimité, ainsi la naissance de mon premier enfant. J'en vibre encore.

Toucher la peau de *mon* petit, issu de *mon* ventre il y a quelques instants, tout gluant d'humeurs diverses. Il sent moi, mes entrailles délivrées. Je t'ai fait. Nous t'avons voulu, conçu. L'enfant crie violemment ; sous mes doigts, la cage thoracique se soulève : sauvé ! Ses membres se déplient comme des ressorts maladroits – jambes et bras rouges, plissés. Jeune vieux aux yeux aveugles que son père reçoit entre ses mains avant de le poser sur ma peau. Emotion. Et tous ces possessifs dont il faudra se détacher, comme on arrache des bribes, un à un.

Un an plus tard, ce même enfant découvert jouant seul dans son lit-cage à la sieste : il voulait toucher cette chose sombre et mouvante qui dansait sur le mur. Reflets de l'eau miroitants, coulant au pied de la maison et du mobile en bois accroché au plafond, ému par la brise d'été. Il regardait avidement, levait les mains joueuses, impuissantes, vers l'ombre remuant sur la tapisserie ocre.

Sur la route du retour, halte devant les affiches du cinéma voisin. Celle de gauche retient mon attention : un enfant endormi, frileusement recroquevillé – bottes, collants, anorak et capuchon – dans un antre de verdure au bord d'un marécage embrumé. Aucune autre présence humaine dans ce paysage d'herbe, d'eau, d'arbres espacés.

Mon enfance est si étrangère à la sienne. Comme j'aimais nos pique-niques de juillet – nous trois, six, huit et onze ans, réunis l'espace d'un mois. Tôt le matin, nous quittions la maison des grands-parents, en tirant la carriole en bois, bourrée de nos provisions du jour : une couverture de cheval, deux boîtes de petits Lu croquants, des tablettes de chocolat, une demi-douzaine d'oranges juteuses, trois bouteilles de limonade, une vaisselle élémentaire. En route !

Nous abritions la charrette sous les hauts tabacs clandestins de Bon-Papa et nous courions, poulains fous, à travers les pâtures au-delà du verger, du potager. Cris, rires et chutes dans l'herbe haute, halte sous un noyer, visages tournés vers les nuages entre les branches. A dix heures, nous déballions notre viatique : sur de larges feuilles de rhubarbe s'étalaient les gâteaux couronnés de carrés de chocolat que le soleil s'empressait de fondre délicieusement. Dans un bol, nous en écrasions d'autres et nous arrosions les miettes du jus des oranges pressées.

Bonne-Maman surgissait, inquiète de notre sagesse :

– Vous mangez ça !

Mine écœurée. Qu'elle s'en aille ! Les grandes personnes ne connaissent pas ce qui est bon. Après son départ outragé, nous allions ramasser quelques reines-claudes fissurées, chaudes, délicieuses.

– Attention, une guêpe !

Cette terreur d'en avaler une, de gonfler, de mourir. Des récits tragiques fermentaient dans nos oreilles, mêlés aux avertissements véhéments.

Rassasiés, nous prenions nos quartiers culturels dans la vieille cage à lapins désaffectée, redressée contre le mur à l'ombre ; serrés les uns contre les autres, nous nous racontions des histoires à vivre debout. Pique-niques d'été. Nique au temps. Pic et pic et colégram.

Que faisait Maman pendant ce temps-là ? Toujours cette question anxieuse à propos des activités des adultes – Maman surtout – tandis que les enfants sont ailleurs. On ne sait pas, on cherche à découvrir, on surprend parfois. Des images s'impriment dans la mémoire vierge. Voix d'enfant vorace : « Maman ! Maman ? Où es-tu ? Maman ! Je veux te voir. »

– *J'aurais besoin d'être amoureux.*

Et moi, qui m'appelle en cet instant ? La décision s'impose. Je vais rentrer tout droit : une voix analogue à celle d'autrefois me hèle, me hale vers la maison. Amour insatiable.

Qui entendrait ?

Elle va mieux, tout le monde dit qu'elle va mieux ; cela doit être vrai. Le matin, elle ne ressent plus le jour à vivre comme un poids impossible à soulever, elle n'éprouve plus cette paralysie qui la rivait au lit. Sans doute a-t-elle toujours un goût horrible dans la bouche, la langue pâteuse et cette odeur fade de médicaments (est-ce que cela vient des cheveux ? On ne peut pas les laver tous les jours) mais, tout de même, la perspective de déjeuner est capable de l'arracher aux limbes du demi-sommeil ; la séance d'ergothérapie égaiera la matinée. Après le dîner, il y aura la visite de sa nièce préférée, la rieuse.

Oui, dans la confusion grise des jours, commencent à poindre des taches lumineuses ; il y a cinq ans, puis il y a deux ans, le mieux s'était annoncé ainsi.

Oui, elle va mieux ; elle dira avec tout le monde qu'elle se sent mieux. Peut-être pourra-t-elle quitter l'Institut psychiatrique plus tôt que prévu.

Elle a bien reconnu chaque pièce de la maison, mais le moindre objet a une présence comment dire ? malsaine ; oui, chaque chaise, chaque potiche, chaque cadre a l'air vissé à sa place comme s'il y avait toujours été et n'en bougerait jamais. Même les fleurs offertes pour son retour ont l'air immortelles.

Depuis que sa sœur est repartie (elle a insisté pour que je passe la soirée chez elle et que j'y loge « comme transition », mais j'ai refusé : il faut que je prenne tout de suite de bonnes habitudes. J'ai changé : maintenant j'ai compris que je n'ai jamais accepté ma solitude, que ce blocage m'empêche d'aménager une vie qui pourrait ne pas manquer d'agréments), elle ne s'est pas encore assise ; les tentures ne sont pas tirées et il faudrait allumer parce que la pénombre s'installe.

Tout à coup, elle perçoit l'agression de la salle de séjour ; tout lui crie : *Tu n'as pas plus changé que nous.* Elle est submergée par l'angoisse qui monte et brise les digues. Elle court chercher dans son sac les pilules blanches qu'elle avale d'un mouvement spasmodique, sans prendre la peine de boire de l'eau, et fuit se réfugier tout habillée dans son lit, appelant le sommeil médicamenteux qui s'abat sur elle : *Ce n'est rien, seulement une question d'adaptation ; demain...* Mais quelque part en elle, quelqu'un sait que demain, ce sera pire.

Ils viennent les uns après les autres ; ils sont tous très gentils, très prudents, les frères, les amies, les voisines. On lui parle avec ménagement, on dit : « Je vous comprends, moi aussi... » Mais personne ne comprend personne. Elle aussi, elle comprend, mais elle déteste. Elle voudrait redevenir comme tout le monde, qu'on la traite comme tout le monde. Elle sait que ce n'est pas possible : elle est descendue aux enfers et ils voient clair : la première fois, ils ont pensé qu'elle était définitivement sortie de l'impasse, mais après la troisième fois, forcément, on attend la quatrième ; elle aussi d'ailleurs. Oui, elle comprend, mais elle déteste. Elle ne supporte pas.

Le soir, avant que le sommeil artificiel ne fasse tout basculer, la pensée se cogne contre les vitres ; l'espace où vivre se rétrécit. Vendre la maison pour aller dans un appartement dont les cloisons laisseraient passer les échos, les éclats d'autres existences ? Mais alors le jardin ? Elle aime, l'été, aller rêvasser au soleil, s'imaginer dorée, séduisante. Un homme rentrerait. Une voix la caresserait.

Il faudrait en parler, mais ils ont tous leurs occupations, leurs soucis, c'est bien normal, et puis je dois prendre mes décisions seule. A cinquante ans, je ne suis plus une enfant. « *Qu'on n'accuse personne de ma vie.* » Elle a cité cette phrase fétiche de Yourcenar au psychiatre. C'est beau.

Inutile et incapable, voilà ce que je suis. Personne n'a besoin de moi. Je ne travaille plus, je ne travaillerai plus jamais. Je dépends de la Sécurité sociale. Je suis une assistée.

« Fais un effort. » La voix ferme est douce. Elle n'ose répliquer : *Je ne fais que cela.* « Tu devrais fréquenter un centre de jour. J'en connais un très bien et je suis certaine que tu pourrais y être admise dès la semaine prochaine. »

Docile, elle prend chaque matin le chemin du centre, elle y fréquente des pareils à elle, désemparés, le regard tellement triste et l'odeur. Elle peint sur de la soie de jolis motifs floraux, elle réapprend à cuisiner, elle s'abandonne à la voix sage du professeur de yoga. Elle aime moins les heures de piscine : l'odeur de chlore l'écœure et la réverbération des cris entre les murs l'assourdit. Je ne supporte plus d'exposer mon corps informe.

Elle suit la guide à travers l'exposition dont parlent tous les journaux, paraît-il, mais elle ne ressent aucune émotion devant ces intérieurs bourgeois, ces portraits d'enfants, ces bouquets. *Si j'avais eu un enfant. Peut-être.*

De toute manière, le soir, il faut réintégrer sa maison vide. Il lui arrive de plus en plus souvent de laisser une lampe allumée : quelqu'un guetterait son retour.

Dernier dimanche d'automne, il faudrait s'habiller. Onze heures déjà. Pas de centre de jour le dimanche. *Je vais ramasser les feuilles qui jonchent la pelouse, prendre l'air.*

A l'institut, elle s'était promis de maintenir la promenade quotidienne, mais seule, il faut décider du moment, se préparer, se mettre en route.

Elle a failli s'inscrire dans un groupe de marcheurs, mais elle ne connaît plus personne, lui semble-t-il.

Au centre, parce que l'un ou l'autre des neveux et nièces vient la prendre s'il fait trop mauvais, on lui dit souvent : « Vous avez de la chance d'avoir une grande famille. » Oui, ils sont tous très aimables, mais c'est comme s'ils ne parlaient plus la même langue. Qui pourrait deviner, comprendre sa détresse atone ?

Elle s'est habillée sommairement sous un grand tablier ; elle a enfilé des bottes et commencé la tâche fastidieuse au moment où le soleil, déjà fatigué, s'est retiré.

Et, tout à coup, elle s'est vue dans un an, dans dix ans, vingt peut-être, toujours à ramasser les feuilles. Le jardin a bougé, a tourné, tournoyé. A voix haute, elle a dit : *Je vais sombrer à nouveau dans la confusion mentale.* L'an dernier, dans sa tasse de café au lait, elle trempait une carte postale plutôt que sa tartine, lui a rappelé une visiteuse : la honte. *Je ne veux plus qu'on me voie ainsi, jamais, personne.*

Elle a posé le râteau, elle est rentrée dans la maison, elle a ouvert le sac et avalé posément tous les comprimés du tube blanc. Elle a bu au goulot le reste de la bouteille de vin offerte hier par son frère.

Elle n'a pas cherché à rejoindre le lit tellement lointain, elle a glissé sur le tapis en corde, s'est traînée jusqu'à la salle de bain proche ; elle a ouvert le robinet de la baignoire, a laissé tomber son tablier de grand-mère, est entrée dans l'eau.

Elle a laissé sonner le téléphone obstiné parce que l'ombre envahissait tout.

Ne laisse pas mes ténèbres me parler.

Tu exagères

– Alors une horde d'adolescents a déferlé sur les quais ; elle a dévalé les escaliers en hurlant, traversé au trot le couloir souterrain, envahi la gare. J'ai eu peur, tellement peur. J'ai pris la fuite. J'ai couru, couru pour te rejoindre.

Mélanie a parlé d'une traite. Vincent scrute son visage : elle ne s'est pas arrêtée entre la place Léopold et la rampe Sainte-Waudru ; elle s'est effondrée sur le banc près de lui, pâle, à bout de souffle. Au poignet qu'il tient, le pouls bat la chamade.

– Tu ne crois pas que tu exagères ?

– Non, je t'assure, c'étaient des sauvages, de vrais barbares. Ils étaient tous armés d'une cigarette qu'ils pointaient vers moi. Je voyais les bouts rouges près de mes yeux, je les imaginais visant ma nuque quand j'ai détalé.

– Tu as cru qu'ils te menaçaient ?

Les paroles de Vincent ne l'atteignent pas. Elle délire. Il la secoue :

– Mais qu'est-ce que tu me racontes ?

– J'ai crié. Ils n'entendaient rien. Les écouteurs sur les oreilles, ils n'écoutaient que leur musique. Je sentais les vibrations violentes se transmettre de leurs corps au mien.

– C'est un cauchemar ou quoi ? Un film d'horreur ? Nous sommes à Mons. Je passe chaque jour par la gare et je n'ai jamais rien vécu de pareil. Ici, c'est le festival du film d'amour.

Vincent force Mélanie à regarder autour d'elle. Le jardin encaissé est paisible. Sur un banc, plus loin, un homme âgé lit *La Province*, une femme donne la main à son petit et remonte les marches vers la rue des Clercs, des pigeons toujours affamés se posent sur le monument aux morts.

Qu'est-ce donc qui ronge son amie ? Il devine en elle une fragilité qui l'attire et l'inquiète. Elle n'a rien de ces filles bardées de cuir, hérissées de métal, pataugeant dans leurs chaussures délacées. Elle glisserait plutôt inaperçue avec ses caleçons informes, ses débardeurs durcis par les lessives. Mais là-dessous il imagine le corps tendre, tiède, qui s'abandonnerait. Il sait si peu d'elle. Il s'en veut d'aimer lisser ses cheveux, accueillir ses alarmes, jouer au père qu'il n'a pas connu. Il la sent blessée, exposée. Fille perdue.

Si sa mère le voyait en compagnie de Mélanie. Elle qui n'a pu arracher son mari à l'alcool ne supporterait pas que son fils s'intéresse à une paumée, tente de sortir de l'eau une hallucinée.

La première fois qu'il l'a vue, c'était sur le quai 1 de la gare de Mons, résonnant cet après-midi-là des sanglots, des cris d'un homme jeune, ramassé autour de son téléphone portable et qui hurlait :

– Dis quelque chose ! Mais dis quelque chose !

A qui s'adressait le désespéré ? Etait-ce une femme lui annonçant une rupture, un ami en train de se suicider ? Cet engin est capable d'asséner à distance les pires nouvelles, indifférent aux réactions en chaîne qu'il provoque.

– Parle ! s'obstinait l'affolé, ignorant la curiosité de la foule aux aguets. Dis quelque chose !

Il suppliait :

– Parle !

Vincent redoutait qu'il s'effondre ou se jette sous les roues du train prêt à entrer en gare, annonçait le haut-parleur. Une inconnue s'était dégagée de la masse et lui avait posé la main sur l'épaule. L'homme était sorti de sa bulle, l'avait regardée, hagard, s'était redressé, était monté dans le train. Elle aussi.

En décembre, Vincent l'avait revue au centre culturel lors d'une soirée autour d'un écrivain. Elle était là, dans un angle de la pièce. Elle avait relevé ses cheveux, aussi avait-il hésité un instant, mais lorsqu'elle s'était dressée pour reculer sa chaise et faire place à un arrivant, il l'avait identifiée : « la fille qui avait osé toucher le dément ».

Cette fois il ne l'avait pas laissée filer, l'avait suivie à la fin de l'entretien et ramenée jusqu'à la gare. Il restait un peu de temps avant son dernier train, alors ils s'étaient assis dans le square Saint-Germain, ils avaient évoqué la scène du quai. Leur rencontre. Elle, bien sûr, ne l'avait pas remarqué ce jour-là, mais elle se souvenait du garçon fou de douleur qu'elle n'avait pas revu. Sous les arbres, ils avaient goûté la douceur des lampes illuminant Sainte-Waudru, le relief des pierres, le jeu des ombres.

– Je m'appelle Mélanie, avait-elle confié en lui tendant la main sur les marches du train.

Lui avait lancé :

– Rendez-vous la semaine prochaine au square, même heure ! Moi, c'est Vincent.

Ainsi avait commencé leur histoire. Elle l'avait prévenu, évoquant le poète surréaliste Achille Chavée qu'il connaissait mal : « *Je suis un vieux Peau-Rouge qui ne marche jamais en file indienne* » ; elle s'excusait d'écorcher la citation. Il avait observé cette manière bien à elle, à la fois flottante et honnête, d'aborder les choses et les êtres.

– Je ne suis pas une intellectuelle, avait-elle posé d'emblée quand il avait dit qu'il étudiait, mais j'aime la poésie.

Vincent s'étonne souvent du contraste entre son allure et sa parole. Différents, ils sont prodigieusement différents. Rien ne les rapproche en fait. Alors pourquoi se retrouvent-ils de semaine en semaine dans ce jardin ? Ils ne vont pas au cinéma ni au café. Parfois, lorsque la pluie est trop serrée, ils entrent dans la Collégiale et chuchotent sous la voûte. Jamais ils ne s'aventurent jusqu'à la proche grand-place. Elle ne cherche pas l'intimité. Au contraire, elle garde ses distances. Qui l'a échaudée ? Il déchiffre en filigrane une histoire d'amour catastrophique. Elle a de soudains éclats cyniques, désenchantés. Mélanie, la noire. Pas toucher ! Il a intériorisé l'ordre. Peur de la faire fuir.

Ce jardin est leur domaine. Au fil des mois, ils en explorent chaque recoin. Les arbres dénudés révèlent leur forme originale. Un jour de vent aigu, il a cru apercevoir la silhouette de sa mère, rue Samson. Quand aura-t-il la simplicité d'interroger Mélanie ? Peut-être n'est-elle plus capable de faire confiance.

Aimer, ne plus aimer, qu'est-ce que cela veut dire ? Au village, il avait une amie, Delphine ; les études à Mons l'ont éloigné d'elle ; il lui arrive de penser à ses regrets ; lui a tourné la page. Et d'ailleurs sa mère ne l'appréciait guère.

– Décidément, les gares ne te valent rien !

Elle rit. Il voudrait en savoir davantage. Qu'estce donc qui hante Mélanie ? Aurait-elle surpris, dans un compartiment qu'elle traversait par hasard, son ami d'alors embrassant passionnément une autre femme ? Du jour au lendemain elle aurait cessé tout contact avec lui, déménageant chez une copine, changeant de boulot, brouillant les traces. Il brode autour du motif. Rêveur, va !

Le printemps, son effervescence. Vincent a dû annuler deux rendez-vous à cause des examens. Puisqu'elle ne lui a pas communiqué son adresse, il se contente de laisser un message sous une pierre en dessous de leur banc. La première fois, il a redouté qu'elle le prenne mal, mais non, la semaine suivante elle était là. Aucun appel téléphonique entre eux : la scène inaugurale les en a dissuadés. Et cependant cette fille qui se dérobe le captive.

Les études vont faire place au travail, sa recherche tout au moins. Il lui arrive de confier à Mélanie ses appréhensions. Aura-t-il la force d'aborder la vie vraie ? Elle se contente d'écouter en poussant un caillou du bout de sa sandale.

Juin. Il aurait aimé l'inviter à la remise des diplômes. Il ne l'a pas fait. Aurait-il honte d'elle, si mal fringuée ? Dès l'issue de la cérémonie, il a couru vers le square. Elle n'y est pas. Rien qu'un classeur vert comme les yeux de Mélanie ; sur la première page, une main a tracé :

On disait que ce serait un jour entre les jours, un jour de fête non répertoriée, un jour échappé aux calendriers.

On disait que ce serait un jour comme une vie, avec son enfance et son âge mûr, et qu'on pourrait commencer par la vieillesse.

On disait que peut-être on danserait, peut-être on chanterait, peut-être on voyagerait seulement à l'intérieur de nous.

On disait qu'on ferait le vœu de n'en relater rien jamais à personne.

Est-ce l'écriture de Mélanie ? La fille de la gare, la fille du square ne serait-elle que le désir d'un songe-creux ?

Tu exagères

La cloche de Sainte-Waudru ébranle l'air, les pigeons ne bronchent pas.

Vincent ferme le classeur, se cale sur le banc où personne ne vient le rejoindre.

Esquives

L'une près de l'autre, nous demandons *Le Monde* (pourquoi par la lune, tant qu'on y est !) au kiosque de la gare, à l'heure de pointe, lorsque les employés ne savent où donner de la tête et de la monnaie. N'a-t-elle pas reconnu ma voix ? Espère-t-elle m'éviter ou est-elle distraite, tout simplement ? Quoi qu'il en soit, c'est moi qui l'interpelle. Elle répond à mon élan. Elle va à Lille puis continue vers Paris. Moi aussi.

Je crois que, l'une comme l'autre, nous ne sommes pas trop contentes de ce compagnonnage imposé sur un trajet que nous souhaitions consacrer à la lecture. Ils sont si rares, les moments à soi ! Aussi, pour éviter les rencontres importunes et ne rien perdre de ma précieuse autonomie, il m'arrive de prendre une porte latérale, je l'avoue non sans une certaine gêne. Mais voilà, aujourd'hui j'avais besoin du journal et nous nous sommes rencontrées...

Face à face dans le wagon bruyant, nos journaux courtoisement posés sur la tablette. Depuis le temps que nous nous sommes perdues de vue et qu'elle a quitté notre ville, nous ne manquons pas de sujets de conversation. Nous parlons un peu de nos enfants. Un de ses fils notamment, que j'ai eu comme élève, dont la fin de la scolarité a posé question pour ne pas dire problème. Elle s'intéresse à ma fille aînée qu'elle a interrogée jadis pour son magazine : elle appréciait sa vitalité. Nous brossons sobrement le tableau de nos centres d'intérêt actuels, de l'évolution de nos compagnons de vie. Nous nous donnons des nouvelles des relations communes, parfois laissées en chemin.

Deux femmes de bonne compagnie apparemment, mais nous sommes comme deux cyclistes malhabiles, roulant de front, zigzaguant parfois dans l'effort pour entendre ce que dit l'autre, risquant de s'emmêler les guidons et les roues, de s'étaler sur le pavé. Nous nous efforçons de rester maîtresses de la situation, mais notre malaise me semble tangible. Me semble, car que savons-nous de ce qu'éprouve réellement autrui ?

Il m'arrive de me demander s'il viendra un temps où cette obscurité sera enfin éclaircie. A moins que chaque être emporte avec lui son mystère. A la fin de *Pelléas et Mélisande*, la pièce de Maeterlinck, tout en ombres et en pénombres, en silences, en non-dits, Golaud presse de questions sa jeune épouse à l'agonie. En vain l'entourage s'interpose-t-il pour qu'il la laisse partir en paix, il n'a de cesse de connaître enfin la « vraie » nature de ses relations avec Pelléas. L'innocente s'étonne, répond à sa manière, que l'autre ne peut comprendre, et la séparation se fait sur ce non-lieu, ce non-entendu. Œuvre symboliste s'il en est.

Je la trouve embellie par l'âge, habillée avec une recherche discrète, un sens de la mode décalé qui adoucit son visage et sa silhouette. Je la retrouve vive, piquante, peu conformiste, comme je l'admirais du temps de nos rencontres plus fréquentes. Mais je crains qu'elle me classe peut-être parce que je suis vêtue et coiffée de manière plus classique.

On se parle, mais sous le dialogue se nourrissent des monologues intérieurs, une sous-conversation qui fait obstacle au plaisir de l'échange, le parasite, le pervertit.

C'est une femme que j'ai toujours appréciée, mais en est-il de même pour elle, ou alors est-ce moi qui me trompe, comment savoir ? Féministe plus que moi encore, elle est concrètement engagée dans la démarche journalistique et les responsabilités associatives ; moi, c'est l'enseignement et l'écriture. Nos territoires contigus devraient faciliter l'échange fluide, et il en a été ainsi les premières années, mais voilà !

Je pense que son fils reste la pierre d'achoppement entre nous : je n'ai pas pu l'aider comme elle l'espérait. Un garçon attachant, mais tellement négligent. Je l'ai aimé comme tous mes élèves, et peut-être davantage en secret, parce que son intelligence, sa dégaine, son côté Pierrot lunaire me touchaient, mais cela, je le gardais pour moi ; je me faisais un devoir d'appliquer la même loi pour tous.

Je ne me crois pas coupable d'indifférence ou d'injustice à son égard. Je ne ressasse pas le passé. Mais c'est son fils, son fils tendrement accompagné à travers heurs et malheurs, et je n'ai rien pu faire pour lui. N'est-ce pas naturel qu'elle rejette sur moi une part de sa souffrance ? Quant à moi, je n'ai pas à porter le poids de cette douleur.

Je suis son regard qui s'évade par la fenêtre du train : le soleil fait flamber le paysage d'automne ; elle contemple comme moi la précaire splendeur. Elle n'écoute pas vraiment ce que je raconte et cela ne me déplaît pas car j'aime sa liberté, cette distance que je n'ai pas. Je n'arrête pas de faire attention à l'autre, de me faire du souci pour lui. Je me répète en vain la boutade de Lacan : « Si tu te mets à la place de l'autre, lui, où se met-il ? » Je crois que ma version est approximative, mais j'ai compris le sens de la question.

Oui, il me semble sentir qu'elle m'en veut encore pour son enfant. Ne m'aurait-elle pas pardonné un échec provisoire aux examens de jadis ? Elle ne m'aime pas : cette réalité s'impose à moi.

Nous aimons qui ne nous aime pas et nous sommes recherchés par ceux qui nous indiffèrent.

Refrain connu : « Tu m'aimes, je te fuis ; tu me fuis, je te poursuis. » Eternel jeu de dupes ? Et le rôle du tiers, du désir d'un autre ? Foin de finesses psychologiques. C'est ainsi, je ne peux que l'admettre lucidement : elle fait partie de ceux qui se sont refusés, je le crois du moins, à ma sympathie naturelle. Serais-je encombrante, inconsciente, indiscrète ? On se connaît mal soi-même, on caricature facilement l'autre, on se perd dans le dédale des relations.

Dans le train vers Paris, nous sommes assurées d'avoir des places réservées, vraisemblablement éloignées l'une de l'autre ; nous retrouverons notre indépendance. Il se peut que sur le quai à Paris nous nous heurtions l'une à l'autre, mais nos lignes de métro ne seront pas les mêmes.

En descendant à Lille, nous nous embrassons et la chaleur que nous mettons dans ce contact relève plus du soulagement issu de la fin d'une courte épreuve que du plaisir de la rencontre, presque avortée selon moi ; gâchée tout au moins par la réserve teintée d'hostilité.

En pleine voie, le convoi s'arrête. Je frissonne : serait-ce un « accident de personne », ainsi que l'annonce pudiquement, hypocritement, le haut-parleur ? Alors je pressens de vertigineux esseulements ; j'ai appris que ceux et celles qui ne veulent pas se rater choisissent le train. Mais ce n'est qu'un problème de caténaire.

A la fenêtre, rien que de banal : prés, clôtures,

arbres ordinaires sur fond de ciel pâle. Un lapin détale – petit derrière blanc, fuyant, évanoui.

Comment racontera-t-elle ce moment à son mari, le soir, si elle le raconte ? Enigme de la perception. Je me fais peut-être tout un cinéma. Se résigner, creuser plus profond ou se délester et courir plus loin ?

Nous avançons dans la forêt en quête de repères, Petit Poucet orienté vers la lueur qui luit entre les troncs noirs ; est-ce que l'ogre, la femme de l'ogre ou une bonne fée nous espère ?

De quoi as-tu peur ?

A l'époque, Maryla était stagiaire à l'hôpital ; pour la première fois, elle emboîtait le pas à la garde de nuit ; à plusieurs reprises, celle-ci avait dû refermer une porte qui s'obstinait à se rouvrir dans la pénombre. Lors d'une nouvelle ronde à travers le couloir éclairé par la veilleuse, Maryla l'avait vu, lui, l'occupant de la chambre 5, un vieil homme dans un pyjama en flanelle rayée, hagard sur le seuil, hirsute, en détresse.

– Que se passe-t-il, monsieur Hublot ? avait questionné un peu rudement l'infirmière.

– J'ai peur.

– Et de quoi avez-vous peur ?

– De mourir.

Maryla avait frémi sous le coup précis. Il répondait, le vieil homme, il disait vrai, et ses mots étaient sans conteste. L'infirmière allait-elle le renvoyer d'une phrase humiliante ? Lui répéterait-elle : « Je vous ai dit vingt fois qu'il n'y avait pas à avoir peur » ? Non, la femme massive avait entouré les épaules d'un bras maternel et l'avait remis au lit ; elle lui avait lissé le front du bout des doigts, murmurant des paroles informes dont Maryla ne percevait que l'intonation hypnotique : le vieil enfant avait fermé les yeux, apaisé. Elle s'était retirée à reculons sur la pointe des pieds. Maryla lui avait souri et l'infirmière titulaire lui avait rendu cet éclair de connivence dans la nuit de l'hôpital.

Souvent Maryla se souvient de cette scène Presque à chaque visage rencontré. Sous le masque maquillé ou figé, elle a découvert le léger tremblement d'une peur verticale, ancienne et féroce. C'est même cette résurgence qui lui a permis de supporter les brasseurs d'air vide, les importuns importants, les hargneux. Leur anxiété vacille dans l'angle d'un regard ou d'un geste ; leur fragilité la désarme.

Plus loin encore, Maryla se remémore toutes les fois où un adulte a refusé d'entendre son appel, l'a accablée de bonnes raisons, a bousculé son émoi d'un revers de main péremptoire : « Une grande fille n'a pas peur », « Dors, au lieu de te raconter des sornettes ! », « Je n'ai pas le temps, vas-y toute seule ! ». Cœur de pierre. Dureté. Chacun dans son étroite prison.

Chanter dans le noir glauque, muser à voix contenue, elle l'a fait ; les mains crispées sur les barreaux cannelés, elle a guetté, du haut des escaliers plongés dans les ténèbres, la ligne de lumière sous la porte trahissant une présence là-bas, au loin, si loin de la chambre des tortures.

Elle a cherché dans des livres, à travers des

confidences volées, le secret de ceux qui semblaient braves, intrépides, comme ignifugés, mais c'était pour découvrir un effroi autrement vivace, une obscure certitude : nous allons mourir ; notre corps le sait avant notre tête ; nous redoutons d'avoir très mal, de quitter ceux que nous aimons, de disparaître. Nous mourons tous de peur : c'est à cela qu'a abouti sa quête. Chercher plus loin.

Et maintenant Maryla s'en souvient dans le lit, devenu trop vaste pour elle seule, mais accueillant une passagère légère, une petite-fille, une Alice qui a fait un cauchemar et ne veut pas retourner dans la chambre de l'autre côté du palier où l'attend son lit à couette nuageuse.

Maryla a tenté de rassurer au creux de ses bras l'enfant qui tremblait ; elle a dit des mots doux et chauds et s'est retrouvée en train de lui apprendre « *C'est la mer pour la mer/ Et pour ceux qui en rêvent/ Comme je fais ici* » – *La mer secrète* un poème mystérieux de Supervielle qui l'enchante depuis toujours, mais ce n'est qu'un emplâtre, si beau soit-il, sur une jambe de bois. Alice refuse de la quitter.

– Raconte-moi ton cauchemar.

L'enfant hésite un instant, craignant de ranimer l'horreur, puis elle se lance :

– Il y avait des voix, beaucoup de voix...

– ... qui chuchotaient, qui murmuraient ?

– Je ne comprenais pas, c'était brouillé, mais des mots revenaient, revenaient sans arrêt : *Est-ce que tu lui as dit ? Ne le dis pas ! Dis-le.* Oui ! surtout cela : *dire, dire.*

– Des voix d'hommes, de femmes, d'enfants de ton âge ?

– Je ne sais plus. C'était comme une foule noire qui bougeait au-dessus de moi : *Dis-le ! Ne le dis pas ! Que dis-tu ?* Des talons pointus allaient me piétiner, me percer, me tuer. J'ai crié, je me suis réveillée, j'ai couru chez toi.

– Tu as eu bien raison.

– Tu comprends, toi, pourquoi j'ai si peur ?

– Oui, moi aussi j'ai peur souvent.

– Vraiment ?

– Fort et vraiment, mais j'ai des armes.

– Des armes ?

– Je me défends avec les mots, ceux des autres, les miens.

L'enfant la regarde attentivement.

Adossée à l'oreiller dans le clair de lune qui a envahi la chambre (elle ne ferme jamais les tentures sur le jardin), Maryla perçoit la ferveur de l'écoute. Comment être à la hauteur ? Pourra-t-elle offrir un antidote au poison dont elle connaît la sournoise violence ?

– Tu vois, grâce au poème de Supervielle je m'évade ; je le murmure dans le noir.

– Moi, je chante parfois.

– Ou bien je me fais rire moi-même en me racontant des histoires drôles que mon oncle inventait ; au lieu de dire : « Les cacas de chien empestent le promeneur », il déclamait gravement :

« Les effluves stercoraires chatouillent les papilles du pédestrian. »

– C'est la même chose ?

– Oui, mais avec des mots pas ordinaires qui sonnent curieusement.

Alice essaie de répéter la phrase cocasse. Elle tâtonne.

– Ou alors je prends un livre : j'en ai plusieurs, là, sur la table de chevet et, selon la nuit, je lis celui qui m'emmène au désert ou en Italie, chez un vieil homme à Paris ou dans la Bible ; alors je vois avec d'autres yeux ; je me calme.

Maryla prend les ouvrages qu'Alice soupèse en interrogeant les couvertures discrètes ou bariolées.

– Parfois maman me lit *Le livre de la jungle*. Tu connais ? Tu as vu le film ?

– Non, tu me racontes ?

Alice refuse d'être interrompue.

– Papa préfère inventer des histoires. Pourquoi ne vivent-ils plus à deux avec moi ? Pourquoi ils disent des choses méchantes parfois ?

– A l'autre ? A toi ?

– Les deux. Maman crie que Papa est « irresponsable » (Alice fait rouler les r comme un tonnerre), Papa répond encore plus fort que Maman est...

– Ne les écoute pas, c'est leur affaire ! Des affaires de grands qui essaient de vivre ensemble mais n'y arrivent pas. Ils se font du mal parce qu'ils ont mal eux-mêmes.

– Oui, Maman pleure souvent. Papa est tout pâle ; on dirait qu'il va casser.

– Tu les laisses crier, mais tu ne crois pas ce qu'ils racontent.

– Mais quand ils me parlent ?

– Quand ils veulent te parler de l'autre, tu dis : « Non, cela ne me regarde pas, moi je suis votre petite fille et je vous aime tous les deux. »

– C'est vrai, ça.

– Tu dis calmement : « Je ne suis pas votre otage. »

– Otage ?

– Celui qu'on prend pour obtenir ce qu'on veut en échange.

L'enfant répète docilement :

– Otage. Je ne suis pas votre otage. J'oserais ?

– Bien sûr ! Tu verras l'effet.

L'enfant sourit ; son visage s'est détendu.

– Tu veux encore parler du cauchemar ?

– Non, je crois qu'il est reparti chez lui.

– Alors moi, je te donne deux phrases magiques et toi tu vas rejoindre ton lit.

Maryla regarde Alice avec solennité :

– « *Je me retourne/Le lilas est en fleur.* » C'est un poète suisse, Joseph Trolliet, qui l'a écrit.

– Un poète ?

– Un écrivain qui fait jouer les mots pour nous enchanter, nous faire rêver, nous remettre debout.

Alice répète les deux vers et les écoute résonner. Maryla sent qu'elle les a bien en bouche, qu'ils pénètrent en elle.

– Si tu dis : « *Je me retourne* », c'est à cause de quoi ?

– Pour regarder derrière moi, parce qu'il y a du

bruit, une odeur ou quelqu'un qui me regarde. Ou parce que j'en ai envie tout à coup.

– D'accord ! Tu fais un geste, volontairement, c'est toi qui décides.

– Je suis une magicienne : un coup de baguette en me retournant et hop ! le lilas fleurit.

L'enfant rit et s'en va, silhouette dansante en pyjama jaune, fredonnant les deux vers. Sur le seuil, elle se retourne, elle pose un baiser dans sa paume et souffle dessus en direction de Maryla, qui saisit le papillon au passage.

– Tu veux que je vienne te border ?

Alice fait non de la tête en continuant à chantonner le distique. Quand la porte se referme Maryla entend « *en fleur* ». Elle éteint la lampe de chevet pour se livrer au pur clair de lune.

A l'âge d'Alice, Maryla avait déjà perdu ses parents, morts l'un et l'autre en moins de temps qu'il n'en faut pour le dire. Le choc. Etait-ce un sort préférable à celui d'Alice qui les voit tous les deux vivants, mais séparément ? On ne sait pas. On sait si peu de choses.

On ne choisit pas. On traverse la vie avec ses peurs comme bagages, mais parfois on peut poser le fardeau trop lourd et muser pour le plaisir dans le parfum des lilas, fleuris quelque part, qui encensent les jardins noirs. Dans la nuit, eau noire qui monte, mais ne débordera pas.

Que nul ne meure qui n'ait aimé

Comme jaloux, je souffre quatre fois : parce que je suis jaloux, parce que je me reproche de l'être, parce que je crains que ma jalousie ne blesse l'autre, parce que je me laisse assujettir à une banalité : je souffre d'être exclu, d'être agressif, d'être fou et d'être commun.

Roland Barthes,
Fragments d'un discours amoureux

Je voudrais que tu meures.

C'est sorti d'elle, comme ça, entre les dents, mais dit, désiré, prononcé ; pointe acérée. Regard assassin entre les lamelles de la jalousie.

Je voudrais que tu meures.

Tu. Toi. Ghislaine. La fille de la classe qui ne ressemble à aucune autre. Maigre et brune, abrupte. Parlant peu. L'empire du silence. Mon amie. Ghislaine.

Lui aussi, elle l'aime d'une certaine manière, à distance infinie, ce professeur de latin, monumental, hirsute, menant sa classe à travers Rome. Onze adolescentes ardentes qu'il nourrit de Virgile, d'Horace. Onze filles à sa dévotion, dont il ne joue jamais. Trop loin, trop haut, Marcel Amand, Monsieur Amand. Amoureux des pierres et des mots. Lui, la main posée sur le chapiteau échoué dans l'herbe, effleurant la feuille d'acanthe sculptée (*Sa main sur ma nuque, une fois, une seule fois, je voudrais*. Elle s'effraie du désir, ivraie folle).

Lui, sortant de la poche de sa veste froissée un livre en pièces. Lui, lisant Cicéron, debout, tête nue sous le soleil dru, suant, insoucieux. Lui, distrait : toujours une fille pour lui rapporter la casquette en toile ou le guide de Rome abandonné sur le muret. Fières de lui, toutes les onze, de son savoir, de son aura. On l'aurait suivi à travers les flammes, Monsieur Amand.

On méprisait Clémence, celle qui ternissait l'admiration par ses insinuations sournoises :

– Tu as vu ce livre qu'il lui a prêté ? Tu as entendu l'allusion ? Ils sont intimes, semble-t-il.

On se détournait d'elle, la guêpe.

– Il lui a touché l'épaule dans les catacombes, je te le jure.

Je la fuyais Clémence, la si mal nommée, la mesquine. Je marchais dans le sillage de Ghislaine, l'altière.

Via del Babuino. Une galerie d'art : des peintres vivants exposent. On y entre tous les douze. Monsieur Amand, l'antique, fréquente aussi l'aujourd'hui. Je tombe en arrêt devant quatre toiles intitulées *Silence*, signées Gegal : silence du tissu blanc, du soleil incandescent coupé par le mur, du damier bleu, de la sphère posée au bord du monde, silence à l'écart du fracas de la ville, Rome, son effervescence proche. A l'abri des cancans de Clémence. Aux côtés de Monsieur Amand qui se murmure à lui-même : « *Ibant obscuri sola sub nocte per umbras.* » Il faudra que je le déniche, ce texte.

La chaleur s'apaise avec la fin du jour. On remonte à travers les jardins Borghese. La nuit vient. On traîne entre les pins parasols. Quelque chose a lieu dont on pressent l'ampleur en marge de la conscience. Ici, à Rome, nous aurons eu seize ans. Ce que je devrai à cet homme qui nous mène sans nous tenir, que je révère à son insu, comme les autres, en secret. On ne peut mesurer.

J'avais été tellement confuse le jour où je m'étais trouvée au magasin derrière lui dans une file ; plongé dans son Tacite, attendant son tour de payer, il ne m'avait pas vue. J'avais inventorié impudemment le contenu de son chariot : six cartons de lait écrémé, quatre boîtes de ces cigarillos qui lui jaunissaient les ongles, *Historia*, une boîte de Vache qui rit, un pain coupé dans son sachet luisant, des lacets bruns, un rosé de Provence et un shampooing (*Ah ! sa tignasse ! J'y aurais bien passé les doigts pour la peigner, mon lion*). Vivait-il seul ?

Serrées à cinq sur un banc des jardins Borghese, six dans l'herbe, lui debout, nous surplombant de sa taille modeste, nez en l'air vers la première étoile, disant à voix haute sans même s'en rendre compte :

Voie lactée ô sœur lumineuse
Des blancs ruisseaux de Canaan
Et des corps blancs des amoureuses...

Et l'autre voix, la très chère, enchaînant :

Nageurs morts suivrons-nous d'ahan
Ton cours vers d'autres nébuleuses

Monsieur Amand avait-il bronché ? S'était-il tourné vers Ghislaine ? Lui avait-il souri ? Il faisait noir. Flambée de la jalousie.

Je voudrais que tu meures.

C'était sorti comme ça, entre les dents, mais dit, désiré, prononcé. J'aurais tué Ghislaine d'avoir partagé *La chanson du mal-aimé*, d'avoir récité Apollinaire avec notre professeur. J'avais détesté ma meilleure amie.

C'est loin. Le chapiteau corinthien doit avoir disparu sous les feuilles d'innombrables automnes. Combien de fois aura-t-on repeint le banc des jardins Borghese ?

Masquant les tombes, un tapis compact de cotonéaster jamais taillé ; herbe folle, folle avoine à l'assaut d'une croix noircie. Sur fond de laurier exubérant, profus, trois saules, branches nues griffant le ciel terne. Rien ne bouge donc ici ? Pour rejoindre les morts, il faudra enjamber trop de vert.

Hier, c'étaient les vacances d'été chez nos grands-parents, à côté du cimetière où Papa-Maman dorment pour longtemps ; nous trois assis, pierre fraîche sous nos fesses, riant, sortant les billes des poches, jouant. Jeunes gardiens enjoués que le temps déjouera.

Hier, c'étaient les sépultures romaines, les jardins, le fleuve. Via Appia, le Trastevere. Lui, elles. Elle. En allés.

Je voudrais que personne ne meure. [1]

---

1. Cette nouvelle a reçu le Prix « Les dernières nouvelles de Rome », décerné par La Librairie française de Rome, La Procure, en juin 2005.

Quelque part un grenier

Je ne monte plus dans ce grenier. Jamais. Il est condamné. Des inconnus – qui me resteront inconnus – ont racheté la maison et, qui sait ? ont transformé les combles en chambres. Peu m'importe. Lorsqu'il m'arrive de passer devant cette demeure interdite, je ferme les yeux – au volant, ce n'est pas prudent, je le reconnais. Coup de poignard.

Là autrefois, je te rejoignais. Existe-t-il quelque chose de meilleur au monde : être attendu par quelqu'un qui vous aime ? Savoir, en marchant, en roulant, en courant, qu'il se prépare à vous recevoir, que son corps prend déjà la forme du vôtre.

J'arrivais en fin de journée pour déjouer les cancans du voisinage. Je chérissais les jours courts de l'hiver, l'entre-chien et loup clandestin. Ton visage exprimait la surprise lorsque je survenais un peu plus tôt que prévu tant j'avais hâte d'être à nouveau près de toi : « Tu es déjà là (la grimace heureuse, amusée), petite folle. » Je n'aurais pu imaginer te déranger. Je m'engouffrais dans tes bras, comme si je venais d'échapper à un danger. Loin de toi, je me sentais menacée.

Tu me soulevais de terre, m'emportais par l'échelle raide vers notre île : le grenier. Nous tombions assis sur un matelas à même le sol, face au lit bateau nu, à la chaise d'église bancale, unique mobilier de cette pièce à l'odeur de tabac, de poussière, de livres en vrac. J'y apportais mon parfum, lilas et muguet alliés. Tu enfouissais ton visage dans mes cheveux, tu disais : « Tu sens bon le dehors. » Un mot de passe. De quel dedans te croyais-tu prisonnier ?

Adossés à la cloison, moi, blottie contre toi, otage consentante de tes longues jambes refermées en ciseaux. Commençait l'heure d'adoration. Rien que cela, être ensemble, confondus. « Tu es là. » Deux enfants emmêlés dans le silence scandé de pas d'oiseaux sur les ardoises ; parfois le ruissellement de la pluie, la tornade de vent. Nous ensemble, comblés de présence ardente. Quel besoin aurions-nous eu de parler ? Dire quoi ?

La fenêtre dans le toit s'obscurcissait. L'étreinte se resserrait. A la première étoile on se quitterait. Alors nos bouches unies chuchoteraient au revoir, salives mêlées.

Je m'enfuyais, le cœur gros. Que faisais-tu alors ? Je ne te l'ai jamais demandé. Une forme de contrat tacitement passé : ne pas laisser la mer envahir l'île. Garder dans l'ombre ce qui n'était pas notre minuscule existence commune. Plaisir et peine en lisière de nos frontières sauvagement préservées.

Une seule fois, je me retournai : je fixai brièvement l'œil allumé de la toiture, puis je me hâtai loin de toi. Quand pourrions-nous vivre ensemble ? La différence d'âge entre nous était sensible.

Vivre ensemble, nous l'avons fait un temps en dépit de tes réticences : « Je ne suis pas quelqu'un de stable », m'affirmais-tu. Un temps bref et difficile ; longues étendues désertiques coupées de passes ensoleillées, rares. Des flambées, des brisures, des renoncements, des regains.

Tu me congédiais, je revenais. Je m'obstinais en pure perte. Je me revois conduisant la voiture tandis que les larmes glissaient sur mon visage tendu. J'aurais dû scruter le paysage d'ombre, attentive aux tournants de la route mal éclairée, bordée de fossés profonds : je ne pouvais m'offrir le luxe d'un accident. Je roulais comme si j'avais mis le pilotage automatique et ma pensée filait à mille lieues de cette voie de campagne. Je délirais.

Je prenais mes désirs pour des réalités. Il y aurait le feu, braises et brandons, flammes crépitantes, essences mêlées. Ton regard en éveil me saisirait toute et me comblerait avant même que tu aies posé la main sur moi pour m'attirer à toi. Il y aurait la musique : un nouvel enregistrement avec violoncelle, une voix que tu voulais me faire découvrir. Ce que nous écoutions, ce que nous lisions, ce que nous mangions ensemble – une mandarine, des noix, un verre de vin blanc –, tout aurait le goût de cette tendresse magique qui cir culait entre nous aux moments d'accord.

Oui, j'ai vécu cela ; j'en ai été séparée. Lui, parti, éloigné, infidèle, mort peut-être, qu'importe. Une seule évidence : il ne m'attend plus, nulle part. La lampe s'est éteinte. Il ne prend plus mesure de mon amour, se dérobe à mon appel.

En est-il toujours ainsi ? Pour chacun ? Vient le jour où celui qui attendait avec ferveur s'impatiente, pense à autre chose, s'irrite d'un emploi du temps arrêté, néglige un rituel. Et commence le désamour. S'installe la subtile indifférence.

Histoire réactivée. Je revenais d'un camp de vacances, enthousiaste, exténuée, les vêtements tachés, imprégnés des relents de feu de bois et de marmites sales. J'allais raconter, mimer, partager mon plaisir. Personne n'était là pour m'accueillir. « Il y a quelqu'un ? » Je claironnais par toute la maison : « Il y a quelqu'un ? » Non, il n'y avait personne. J'allais pleurer au fond du jardin. Personne ne comprend personne, ne vibre au diapason. « Tu verras quand tu seras grande. » Phrases détestables des adultes. « C'est la vie, ma fille. » Non, pas la mienne ! Jamais.

Et voilà. Je roulais lentement, je pleurais sur moi autant que sur toi. Sur nous deux, tellement ordinaires. N'avions pas su veiller ; avions succombé comme eux tous. Ardeur ternie, désastre au quotidien. Pas de quoi se pendre ni se jeter à l'eau. Encore que j'en connaisse des hommes, des femmes, qui n'ont pas pu supporter la déchéance, ont déclaré forfait. Des romantiques, des absolus, des cinglés. Rien ne vaut la vie. Mais quelle vie ? Médiocre, raisonnable, sage ? Rien de moins sûr.

Un chat avait surgi sur la route : j'avais redressé violemment le volant, distraite un instant par la phosphorescence étrange des yeux. « Pourquoi me regardes-tu ainsi ? » Les siens aussi, à la fin, posés sur moi sans bienveillance, sans compassion. Se comportait en goujat, pour mieux me dégoûter de lui, peut-être.

De nuit, je reviens dans le grenier, mais il n'y a personne. Que moi. Qui a nié la rencontre, renié l'autre ? Quand la porte a-t-elle claqué, pourquoi l'œil du toit s'est-il éteint ?

A distance, je me console ; j'ai connu le meilleur de cet homme : l'enfant, l'ardent, le tendre. Intraitable mémoire du corps, douleur lancinante que j'endors d'activités multiples, de paroles, de gestes attentifs. Cicatrices toujours sensibles.

Qui vais-je attendre désormais si je ne suis plus attendue ? Qui bercer pour adoucir la souffrance d'être née ? Tant de cris s'élèvent autour de moi, couvrant ma propre plainte.

Je crie. Je crierai toute ma vie. J'écris.

A ton âge

« A ton âge, on ne sort plus seule le soir », ont décrété ses enfants. Anne a donc renoncé au projet de la messe de minuit, mais elle a tenu à participer aux vêpres de Saint-Gervais ; elle en aime le recueillement et les visages jeunes de l'assistance.

En cette veille de Noël, elle craint la solitude, inévitable puisque ses enfants habitent au-delà des frontières. Elle a cru, un peu naïvement, qu'Aurélie, la petite-fille qui occupe un studio au troisième de son immeuble, resterait pour étudier, mais celle-ci n'a pas résisté à l'appel de sa famille ; elle s'est envolée dès la fin des cours.

Un de ses fils l'a invitée à Rome pour les fêtes, mais leur appartement est étroit, les enfants bruyants et Anne redoute l'avion depuis que son oreille gauche la fait souffrir aux atterrissages. Elle a honte de reculer, mais cette année, elle capitule ; on ne peut pas toujours être héroïque. Reste à faire face à l'isolement.

Dans l'église, Anne a prié pour tous les solitaires de cette nuit, une nuit d'autant plus difficile à franchir en solo qu'elle est vouée au rassemblement, à l'amour tangible. Les paroles du Psaume se déploient : « Je te rends grâce, Seigneur, et je te bénis. Ta louange est toujours sur mes lèvres. » Allons ! Tu as choisi, tu assumes ; elle sourit du réflexe que l'âge accentue : « Anne a toujours été résolue », admirent ses quelques amies survivantes.

Elle a repris le métro à Hôtel-de-Ville, heureuse de ne pas devoir se perdre dans la foule de Châtelet ; deux stations seulement la séparent de République, où elle descendra rejoindre son logis du boulevard Richard-Lenoir. On lui dit parfois : « A ton âge, tu devrais aller en maison de repos » ; elle renvoie lestement l'importun.

A ton âge, qu'est-ce que cela signifie ? Tant qu'elle sera capable de se débrouiller, elle choisira l'indépendance. A la mort de son mari, elle a eu la chance de découvrir cet appartement – un studio plutôt – à l'entresol, ouvrant sur des arbres. Pas besoin de prendre l'ascenseur qu'elle redoute, le soir surtout.

A la station Rambuteau monte une jeune fille ; elle s'assied, non ! elle s'écroule à la seule place libre, près d'Anne. Quel désastre vient-elle de traverser ? Anne éprouve dans son corps les sanglots qui secouent la passagère ; elle a envie de la serrer dans ses bras. Quel âge peut-elle avoir ? Vingt ans ? Brune, peau mate, anneau dans la lèvre et perle fichée dans la narine gauche, cheveux d'un rouge aigu et, qui sait ? un tatouage sur l'omoplate que dissimule la veste fatiguée. Parle-t-elle français ? Arts-et-Métiers. Du sac en patchwork posé sur ses genoux, elle sort une lettre et, sans la relire, la déchire en menus morceaux qui s'éparpillent sur le sol. Anne, la soigneuse, se retient de lui en faire la remarque. Elles se lèvent ensemble pour descendre à République.

Anne se dirige vers la sortie, mais un pressentiment la ramène à hauteur de la jeune fille hagarde ; elle s'assied à ses côtés sur le banc du quai désert. Une autre rame s'annonce ; elle sent le mouvement du corps voisin, une sorte d'élan noir : l'inconnue est prête à se jeter sous la motrice qui pointe. Spontanément, Anne pose la main sur le genou en jean, bénissant l'âge qui autorise les audaces. La jeune fille sursaute, regarde la main tavelée sur le tissu, tremble puis pose sa propre main constellée de bagues de pacotille sur la vieille main, comme on s'accroche à une bouée. Alors seulement ses yeux remontent vers le visage, le beau visage d'Anne : rides et cheveux blancs au-dessus de l'écharpe d'un bleu ardent. Les larmes explosent, excessives, indécentes. Une crue de printemps.

– Venez, ne restons pas ici.

Anne l'entraîne vers le café le plus proche, l'installe sur la banquette et commande d'autorité deux vins chauds. L'inconnue sortie de sa bulle chuchote :

– Je m'appelle Marie et vous ?

– Anne.

Dans le café lourdement décoré de rouge et

d'or, le tenancier a mis des chants de Noël en boucle ; par la fenêtre un sapin enrubanné brille de tous ses feux. Le liquide brûlant produit son effet : une certaine détente envahit le visage hâve et crispé ; les mains se réchauffent autour du verre embué :

– C'est bon !

– Que faites-vous ce soir ?

– Je ne sais plus. Mon ami m'a larguée, enfin il m'a écrit que je ne comptais plus pour lui. Je voudrais disparaître.

Sans qu'Anne ne lui ait rien demandé, Marie évoque la chambre qu'ils partagent avec des copains aussi désargentés qu'eux ; elle ne veut plus y remettre les pieds.

– Vos parents ?

– Je suis de la Ddass.

– Qui vous a élevée ?

– Des familles successives. Je suis difficile, vous savez.

– Vous travaillez ?

– Des petits boulots, au moment des fêtes surtout. Demain je ferai la plonge du côté de Beaubourg.

– Et cette nuit ?

– *Sous les ponts de Paris...*, chantonne drôlement Marie, mais la voix s'étrangle.

– Et si vous veniez chez moi ?

– Chez vous ! Mais vous ne me connaissez pas !

– Justement, nous allons faire connaissance.

Anne s'est dressée en riant (« A ton âge, tu ne

devrais plus... »), elle a endossé son manteau, enroulé l'écharpe bleue.

– J'aime bien votre écharpe, dit Marie.

– C'est Aurélie, une de mes petites-filles, qui me l'a offerte.

La neige s'est mise à tomber. Elles se dirigent vers l'avenue de la République, traversent, enfilent le boulevard. Le code, la porte, l'escalier, les voilà. Anne sort sa clef ; un souvenir la bouscule (un garçon errant dans l'immeuble l'avait suivie pour lui rafler le sac avant de dévaler les marches), un souvenir qu'elle renvoie prestement : une fois mais pas deux. Marie attend, le visage à nouveau fermé, douloureux. Dès le seuil, lorsque Anne allume les lampes adroitement fabriquées à partir d'objets dénichés aux Puces, Marie s'exclame :

– C'est bien chez vous !

Anne hésite : aura-t-elle suffisamment à manger pour deux ? Immobile devant la fenêtre, le boulevard éclairé, Marie observe :

– Je ne suis jamais allée à la messe de minuit.

– Je comptais m'y rendre.

Elles improvisent un repas festif. Leurs yeux se sourient sous la tente de lumière tandis que chante le chœur des musiciens de Sylvanès. Plus tard, elles sortent bras dessus bras dessous dans la nuit réconciliée.

Au retour, Anne proposera son lit à Marie ; elle-même montera dormir dans la chambre d'Aurélie ; elle osera même prendre l'ascenseur.

Au bord du fleuve Amour

Notre ami prêtre est à bout de souffle. Le combat engagé il y a deux ans contre une maladie sans concession a fini par épuiser sa résistance, et cependant il ne se rend pas. Un tel amour de la vie rend hommage à la vie.

Lorsqu'il a pris conscience de la gravité de son état, il a murmuré – sourde révolte : « Je suis trop jeune, tu ne trouves pas ? J'ai tant de choses à faire encore. » Et maintenant, les ressources de la médecine étant épuisées, il faut renoncer. Il l'a fait de lui-même le jour où, pris de nausées, il a dû annuler le rendez-vous chez la spécialiste pour la poursuite éventuelle de la chimiothérapie. Un signal : il abandonna les traitements, se confia aux soins palliatifs.

Néanmoins, chaque signe d'un « petit mieux » est salué comme un espoir de prolongation. De cet instinct de survie, invétéré, témoignent les victimes des camps de concentration soumises aux pires traitements dans la déréliction et le climat de haine destructrice. Lui est entouré d'affectueuse vigilance : famille, amis, relations ameutées ; « sentinelles bienveillantes » parfois qui veulent ménager sa fatigue.

Cet après-midi, je suis allée près de lui qui cherchait désespérément une position moins inconfortable pour son grand corps décharné. Recherche d'un amoncellement d'oreillers qui puissent le soutenir ; on essaie, on échoue, on recommence. Malhabiles et volontaires.

Enfin une solution provisoire. Une certaine détente. La fin du jour plonge la pièce dans la pénombre ; il semble céder au sommeil médicamenteux.

Une heure main dans la main, rythmée par les reprises de la pompe à morphine. Peut-être la musique de la voix serait-elle apaisante ?

– Tu veux que je lise un fragment de la *Lettre inachevée* de Taizé ?

– J'ai déjà lue.

Sa voix est lointaine, la phrase économe est accompagnée du geste de la main lasse. Non, ce n'est pas pour aujourd'hui. Pour jamais sans doute. Lui, l'homme du Verbe, il est au-delà des mots lus et entendus.

Avant de se taire, il tente de me dire quelque chose d'essentiel ; son air sérieux mobilise l'attention :

– Maintenant on entre dans une autre...

Il ne trouve pas le mot, je suggère ; non, ce n'est pas cela, il s'obstine et nous sommes l'un et l'autre déçus de ne pas nous ajuster. Il finit par s'assoupir.

Je suis presque certaine qu'il veut suggérer la dernière étape : « *Maintenant on entre dans une autre dimension* » ? Le disciple de Lévinas[1] sur le point d'apercevoir le Tout-Autre, de contempler le Visage par excellence de Celui qu'il n'a aperçu que de dos ?

Le mot sur le bout de la langue, sans doute, mais surtout au bord de la vie. Lorsque celui qui s'éloigne nous adresse un signe conscient, signifiant, nous dressons l'oreille intérieure.

Ainsi, adolescente, j'écoutais la ballade de Paul Claudel[2] :

Nous sommes partis bien des fois déjà, mais cette fois-ci est la bonne.

Adieu, vous tous à qui nous sommes chers, le train qui doit nous prendre n'attend pas. (...)

Il n'y a plus que le soleil éternel de Dieu sur les eaux qu'Il a créées.

Nous ne reviendrons plus vers vous.

– Maintenant, on entre dans une autre...

Parole à jamais suspendue, dernière parole, mis

---

1. Luc Crommelinck, *Traces de visages*, lecture d'Emmanuel Lévinas et de Sylvie Germain, Editions Feuilles familiales, 2005.

2. *Corona Benignitatis Anni Dei, Œuvres complètes*, La Pléiade.

à part les mots pudiques pour excuser un corps qui lâche de partout, délivrant des bruits incongrus, si humains.

Une heure main dans la main, ponctuée par la pompe à morphine. On ne peut décrire ce qu'est la méditation, le partage, la communion au chevet d'un mourant. La rétrospective des moments d'amitié, la perception de ce qu'est l'autre pour soi, dégagé des contingences.

Et aussi le cadeau que nous offre celui qui s'éloigne : cette conscience aiguë du primordial dans nos existences encombrées, ravivée à son corps défendant par celui qui passe d'un monde dans l'autre, l'invisible. Le pressentiment d'un voyage à entreprendre seul, en se sachant accompagné, accueilli surtout.

Le chemin du retour. La voiture traverse le village, évite la ville ; un sas entre la chambre déjà mortuaire et la maison chaude où je suis attendue. Rouler lentement. Gare au verglas. Par la vitre, je saisis au vol des visages, des silhouettes : un cycliste, front bas, frigorifié ; une commerçante enveloppée dans un lainage noir baisse son volet ; un père sortant de la voiture un enfant dans son duvet ; une femme marchant vite et son bonnet rouge (les détails frappent, s'inscrivent dans la mémoire), le carrefour. On est ici, on est encore là ; on voit sans voir, on cherche un recours, un point d'ancrage dans la dérive intime.

Je salue avec plaisir les lieux familiers, les tâches domestiques. Le repas du soir à préparer :

couper les tomates, les arroser d'huile, ajouter du basilic. Les mains s'activent ; le cœur voyage. Cette nuit ou la prochaine, l'ami passera sur l'autre rive.

L'appel téléphonique annonçant qu'il est mort à six heures du matin ne sera pas une surprise. Il a encore « tenu » une semaine. Cette flamme qui ne veut pas s'éteindre avant de se rallumer au cierge pascal. Je poursuis le dialogue.

Je me remémore cela dans la plus belle église de la ville, tous vitraux éclairés, cierges allumés et pompe des célébrations. Parmi les nombreux prêtres accourus, deux portent des étoles colorées venues du Mexique et de Terre sainte, ses préférées. Leurs tons chantent.

Cet apaisement que communique la liturgie – chants, prières rituelles, balancement de l'encensoir. Comme une mère berce son petit. La Pietà. Chacun des moments essentiels de notre existence ne mérite-t-il pas cette solennité ?

Les regards en vagues viennent battre le cercueil étroit qui contient l'enveloppe charnelle réduite à si peu. Dans le concert harmonieux des voix amies, son silence n'est ni hostile ni clos. Simplement il est entré avant nous dans l'autre dimension. Je souris, soulagée d'une certaine manière, je lui parle en moi-même, comme une gamine : *Tu y es arrivé !*

Le constat naïf. Petite chèvre obstinée, tu as tenu aussi longtemps que tu pouvais contre le grand méchant loup. Le cancer n'a eu raison de toi qu'en dernière extrémité, au terme de la nuit. Tu as surmonté l'épreuve et tu touches au but. Cette angoisse, cette souffrance, ces douleurs que tu as endurées, les voilà dépassées. Tu as mené le bon combat et tu reçois ta récompense. Les réminiscences de Daudet se tissent au Nouveau Testament. Non pas un prix de vertu, mais la rencontre sur laquelle tu as misé ta vie. Le vœu profond est comblé.

Ils se pressent nombreux, ceux que tu as soutenus de ton écoute bienveillante, les innombrables qui jalonnent une vie ; ils ont reçu – souvent à l'insu de celui qui donne – ce dont ils avaient besoin, parfois sans le savoir eux-mêmes.

Plus tard viendra la rumeur des souvenirs lorsque chacun égrènera sa dette légère. Pour l'instant, c'est le recueillement qui accompagne le passage. Davantage pour nous que pour lui qui l'a déjà accompli.

La famille invite les proches à célébrer l'amitié, une des vertus de celui que nous honorons ; nous tissons nos paroles. Au long de notre vie fleurissent les amitiés. Celles de la cour de récréation sont intenses, exclusives : « C'est *mon* ami. » Celles de l'adolescence, ferventes, ombrageuses, s'approfondissent dans la jeunesse. Fortes, ces amitiés ! Au point qu'on serait tenté de croire qu'il n'y en aura plus jamais de pareilles. Erreur. Des rencontres imprévisibles en provoquent d'authentiques qui, bien que plus retenues, moins jalouses, n'en sont pas moins généreuses, pleines, stimulantes.

Dans l'assemblée de ce matin se présentent tous ces cas de figure. Chacun détient une parcelle de relation privilégiée avec lui : quelque chose de secret, de puissant, qui ne disparaît pas avec son corps. Le propre de l'amitié, c'est de ne jamais finir, de nous réconforter en nous assurant : « Tu comptes pour moi. »

Nous évoquons ce jour du dernier printemps, lorsqu'à l'occasion d'un anniversaire, nous sommes allées, trois amies, près de lui partager un repas à l'issue duquel il nous a proposé de rester à ses côtés pour le sacrement des malades. Un prêtre et un ami sont arrivés. Trois hommes, trois femmes, une Eglise, pour ce sacrement qu'il avait désiré huit mois avant sa mort. Un moment de grâce dont la reconnaissance nous illumine encore.

Une forme de joie paisible règne sur l'assemblée. Il nous hèle de l'autre rive et le geste familier de la main associé à la voix restituent sa haute silhouette qui ne s'effacera pas. « *Dire à quelqu'un : Je t'aime, c'est dire : Toi tu ne mourras pas.* » Oui, Gabriel Marcel.

Le dernier été

Chaque été, il s'agit de réinvestir son territoire. A peine valises et sacs à dos déposés dans les chambres, on s'empare des vélos que Bon-Papa a remis en état et on file reconnaître les lieux.

– Prenez de l'eau, un casse-croûte !

Le refrain soucieux de leur grand-mère. Coups de sonnettes incisifs, allégresse des départs. Ils sont déjà loin, grisés par l'air marin, les retrouvailles, les projets. Salut les filles, bonne route ! Cousins et cousines se sont fixé rendez-vous à dix-sept heures près des étangs, après une boucle savante : un groupe vers Sainte-Lucie et l'autre vers Rochegrise. Allons, et que ça roule ! Ça monte raide, ça descend en roue libre. Virage, on tourne ! Silence ému face au paysage ouvert comme un livre.

Etape. Souffler sous les branches, vélos couchés dans l'herbe, dérangés par une fourmi fouineuse, une abeille. Mais déjà on file, toutes voiles dehors.

– Holà ! Matias ! Tiens ta droite ! Je passe, je pédale plus vite que toi. Gare-toi !

Patatras ! Penaud, Antoine, roues en l'air dans la poussière, rayons battant le vide.

– Y avait un caillou pointu.

– Tu ne t'es pas fait mal ?

– Mon pneu est fuité !

– T'avais qu'à pas dépasser tout le monde.

– C'est interdit de rouler à plusieurs de front et vous rouliez comme des escargots.

– Escargot toi-même.

Bons princes, les deux cousins consentent à prêter leur aide.

– Dépêchons-nous ! les filles vont nous attendre.

Ils seront presque à temps au rendez-vous ; les trois cousines se prélassent sur la berge.

– Fait chaud. Si on allait goûter dans la pinède ?

Ariane a parlé, la bande suit. La bande : entre Matias et Ariane, les aînés de treize ans, et Alice, la plus jeune, six ans (« Hé ! j'ai six ans et demi demain ! »), un peloton de dix ans : Antoine, Max et Noémie, trois nés la même semaine dans des pays différents, bien qu'ils portent le même nom de famille. Ils se voient trop peu au cours de l'année, mais en vacances, ils se rattrapent. Au début il faut se faire aux termes approximatifs de l'un, aux mœurs de l'autre (« ces Espagnols qui vivent la nuit ! »), mais la connivence se passe de mots, les tropismes opèrent.

– Si on veut nager avant la fin des baignades surveillées, faut y aller.

Ils réenfourchent leurs vélos et roulent droit

vers la digue ; le temps d'enlever shorts et polos, les voilà à la mer. Dieu que c'est bon ! L'écume et la vague, le courant, les tasses d'eau salée.

Ils aperçoivent les grands-parents en balade le long de la plage et fondent sur eux dans un jeu d'éclaboussures.

– Nous aussi, nous sommes allés à Rochegrise, mais par la voie la plus directe.

Bon-Papa fait le fier, mais il est pâle, observe Matias.

– J'en connais qui auront faim.

Ils connaissent, eux aussi, le rituel de Bonne-Maman : les crêpes du premier soir, fourrées selon le goût de chacun : du fromage au jambon, en passant par les champignons, le citron, la confiture maison, le chocolat. Elle les a préparées à l'aise pendant leur fugue et n'aura qu'à les réchauffer ; elle restera près d'eux à les écouter parler pêle-mêle de la randonnée, de l'école, de leur maison, de leurs passions. Fous rires et complicité.

C'est la « quinzaine sans parents » (seuls les aînés entrevoient que pour les parents, c'est la « quinzaine ouf ! sans enfants »), les jours de relâche au soleil bienveillant des aînés. Ariane observe les traits tirés de grand-père ; c'est vrai qu'on lui a posé récemment un pacemaker. Serrement de cœur : comment imaginer qu'un jour il ne présidera plus la tablée.

– J'ai encore oublié de passer à l'épicerie. Je ne sais pas ce que j'ai, mais ces temps-ci, je perds la mémoire.

– Ça ne fait rien, Bonne-Maman, on se passera de choco. Les crêpes à la cassonade, c'est délicieux.

– Ma tête devient vieille.

A nouveau le pincement furtif. Ariane n'est plus dupe du grand soleil de l'été ; elle en devine les ombres et les couchers.

Appelé au téléphone, Bon-Papa tarde à reprendre sa place à table :

– Jean arrivera vendredi, annonce-t-il.

Les fourchettes sont restées en l'air. Jean, c'est le cousin trisomique que chacun aime et redoute. Il ne vient qu'une semaine parce que c'est difficile pour lui de quitter sa maman.

Les cousins se sont habitués au regard des autres sur l'enfant différent, quand ils jouent au volley ou se promènent en pédalo. Ses démonstrations bruyantes de tendresse les gênent parfois lorsqu'ils rencontrent leurs amis. Jean a l'âge d'Alice, la belle, la surdouée ; le contraste est saisissant. Il leur arrive d'en discuter avec les grands-parents : pourquoi lui ?

– Il pourra dormir dans ma chambre, propose Matias.

– Laisse, Bonne-Maman !

Ariane a déjà les assiettes et les verres en main.

– La vaisselle, c'est pour nous, annoncent les presque triplés.

Le tableau des services n'a pas encore été dressé, mais d'emblée chacun reprend le rythme.

On entendra fuser leurs rires : encore une blague d'Antoine, le clown de la bande.

– Tu as drôlement raison de n'avoir jamais voulu de lave-vaisselle en vacances, Bonne-Maman. D'abord, à la mer, tout rouille et puis au moins, chez toi, on se raconte des histoires.

Cette fois, c'est Noémie qui parle ; elle n'a ni frère ni sœur et raffole de ces bains de foule.

Ils enfilent un lainage et emboîtent le pas aux grands-parents : la promenade sacrée du premier soir, tous ensemble. Bonheur. Le ciel est magnifique : le soleil y descend en majesté dans un flamboiement à faire pâlir les effets spéciaux du cinéma. La troupe sur la digue n'en perd pas une lueur.

Ariane s'est laissé distancer en renouant les lacets de ses tennis ; elle court rejoindre grands-parents, cousins et cousines. En elle s'ébauche une invocation, un cri : *Que nous ne soyons jamais séparés !*

Parfois, la nuit

PARFOIS, LA NUIT, ON A FROID. On a rêvé de ces bras, de ce visage contre le sien. La main ne rencontre que le vide. Un flux, un raz-de-marée d'antan. Il submergerait Anita si elle ne consolidait la digue avec une vigilance têtue, une prudence accrue à certaines périodes de l'année. Les vacances par exemple, l'esplanade déserte. Les réveillons. Tant d'occasions de geler sur pied. Et ce nouvel an sans appel de Béatrice, sa fille. Aucune nouvelle du petit-fils fraîchement né, aucun *Viens* ! Rien que le silence résonnant creux, douloureux, qu'Anita se refuse à rompre la première. Non, je ne quémanderai rien, non, je ne réclamerai rien. Ne rien attendre, mais tout espérer : une devise.

Comme c'est difficile de se mettre à la place d'un autre, d'imaginer ce qui se passe hors de soi. Chacun dans sa bulle ; les rencontres, aléatoires, provisoires, toujours brèves. L'amour prend tant de formes au cours d'une vie, mais l'attente demeure, la soif de l'autre. Dans sa tête, elle tourne et retourne l'observation désenchantée de Lacan : l'amour consisterait à donner ce qu'on n'a pas à quelqu'un qui n'en veut pas. Elle avoue qu'il y a de ça.

L'amour descend, Anita le sait. Que ses enfants et leurs petits regardent ailleurs, jouent autre part, elle s'en réjouit, mais tout de même ! Parfois, elle voudrait qu'ils se souviennent d'elle, qu'ils lui décochent un clin d'œil, lui adressent un signe de reconnaissance.

Lorsque l'ombre menace de s'abattre sur elle, elle attise les souvenirs. Elle recense ses trésors, non pas jalousement ni avarement, mais pour se repérer au milieu des obscurités croissantes, de leur sinistre prolifération.

PARFOIS, LA NUIT, ON RÉCAPITULE. Quels sont les instants qui comptent dans une vie ? Sans doute ceux où elle a été arrachée à elle-même tout en étant enracinée ; elle mesure le paradoxe, ne trouve rien de mieux : être vraiment soi et hors de soi. Ainsi, lorsqu'elle a été ravie par l'étreinte longtemps différée, par le cri de son nouveau-né, ce morceau de chair émergeant de soi, aussi bien que par le jeu de feuillages éventés sur l'eau profonde, le poème venu de loin et qui palpite encore sous la traduction évasive, une toile de Zoran Music, révélation éclatante bousculant la monotonie d'une visite guidée. Et ce *Requiem allemand* de Brahms dans la cathédrale. L'accord tacite avec un familier, une rencontre mystérieuse. Elle dévide l'écheveau coloré des joies. Un réconfort à portée de cœur.

Bien sûr elle se méfie des pièges de la mémoire, elle est susceptible de poser un filtre sur les événements, ne conservant que ce qui lui convient, au mépris de la vérité. Ainsi de cette scène d'enfance mille fois revécue, transformée peut-être au fil des récits croisés. Tombeau naïvement édifié à la mère tôt disparue ?

L'homme de la Gestapo dans l'encadrement de la porte ; on le redoutait, on ne l'avait pas entendu venir. Maman, le fer à repasser en suspens.

– Où est votre fils ?

– Quel fils ? J'en ai trois, a riposté maman.

– Votre aîné.

– Comment le saurais-je ?

Moi, la fille, dans le coin de la pièce, je ne bougeais pas d'un cil ; le bébé dormait. C'était la canicule ; de ces jours à ne pas lever le petit doigt. Le type nous a regardés en haussant les épaules, agacé.

– Où est-il ?

Il m'a semblé que Maman se redressait ; elle paraissait plus haute que l'homme en uniforme. Une belle femme en robe d'été, face à ce soldat suant qui devait avoir son âge.

Une intrépide ne lâchant jamais prise :

– Et vous, monsieur, savez-vous où est votre fils en ce moment ?

J'ai sursauté. L'homme a accentué sa raideur. Maman a poursuivi en pliant le mouchoir qu'elle venait de repasser ; les yeux baissés, appliquée, coriace, elle a soumis l'adversaire à la question :

– Et votre mère à vous, sait-elle où est son fils à l'instant ?

L'homme a bronché sous la réplique insolente. De la place où je me recroquevillais, j'ai vu le mouvement de la main prête à se lever, à s'abattre, à frapper. Maman, toujours très droite, le regardait au visage. Un duel. L'ange du combat est passé, j'ai entendu le frémissement d'ailes.

– Où est-il ?

La voix durcie ne supportait plus de diversion.

– Je vous le répète : je l'ignore. Je n'ai pas l'habitude de lui demander où il va, ce qu'il fait. Ce sont les vacances, il a seize ans. Que faisiez-vous à seize ans ? Il est libre.

– Plus pour longtemps.

Maman a soutenu le regard hostile puis elle s'est penchée pour saisir un drap humecté, roulé. Une toile blanche, je me souviens, avec un liséré rouge, un bour don, disait-elle, brodé par ma grand-mère. L'homme a tourné les talons en donnant l'ordre de visiter la maison. De fond en comble.

A la fin de l'après-midi, Maman est arrivée au bout de la manne ; la pile de linge odorant comme un défi au milieu du fatras d'après-fouille.

Après qu'ils sont partis, bredouilles et furieux, elle s'est tournée, arrogante m'a-t-il semblé, vers moi, médusée :

– Je ne leur ai même pas proposé un verre d'eau.

Parfois la nuit je m'éveille et je me demande ce qu'elle voulait dire. Qu'elle avait perdu, elle aussi, toute humanité ? Qu'elle avait résisté jusque-là, qu'elle n'avait pas baissé la garde, qu'elle ne collaborait pas d'une goutte d'eau ?

Je ressentais son soulagement : rien n'avait pu être retenu contre Patrice qui était rentré à la nuit, vif et radieux comme il l'était cet été de ses seize ans. Alors j'ai quitté mon recoin et je suis allée dormir, soulagée du poids énorme qui me figeait sur place : la chaleur, la peur, l'admiration qui ne disait pas son nom. Maman. Cheveux mordorés. Nuque droite. Le tussor de sa robe bleu nattier. Le bourdon rouge sous le fer. Morte à Auschwitz, juste à la fin. Patrice à Londres, sain et sauf, elle l'avait su.

L'autre jour, une amie à qui je racontais l'histoire m'a pressée :

– Tu n'inventes rien ?

– Rien. La scène est en moi. Je tourne autour d'elle.

– Tu en rêves la nuit ?

– Non. Enfin pas consciemment. Par contre, c'est idiot, je ne peux pas lire le mot « Vendu » sur une façade sans entendre la clameur qui accompagnait la chasse aux collaborateurs au lendemain de la Libération. Je regardais de bas en haut l'estrade sur laquelle on tondait les femmes qui « avaient été avec les Allemands ». Même celle qui s'était occupée de moi, le soir où Maman avait été arrêtée. Elle fermait les yeux sous la tondeuse barbare. Je me suis enfuie. Ma grand-mère m'a dénichée dans un recoin sous les combles.

Tu n'es pas seul

Parfois, la nuit, on a peur. Peur de dériver au large de l'informe où tout se confond et s'annule. Peurs d'enfance jamais éteintes. En un instant ressuscitent les paniques pétrifiantes que nous retrouvons tout au long de la vie : la peur dans le lit de la chambre en haut de l'escalier.

Avais-je dormi ou étais-je en train de chercher le sommeil ? Il faisait noir, très noir. Peu à peu, mes yeux, ayant apprivoisé l'obscurité, réussissaient à distinguer la forme de la commode surmontée d'un miroir rond, le fauteuil que je savais en velours vert, le portemanteau perroquet – dont le nom me faisait rire et je me le répétais –, l'autre lit, vide.

Où étaient les grands ? Que faisaient-ils à cette heure ? Pourquoi me laissaient-ils seule à l'étage ? Après l'inventaire du mobilier, j'entreprenais celui de mon corps, de la pointe des cheveux courts aux orteils : oui, tout y était. Entière, dans la chemise de nuit en coton blanc lissée jusqu'aux chevilles.

Pour conjurer la peur montante, je guettais les signes de présence au rez-de-chaussée : éclats, sonneries, grincements de portes. Rien que la goutte du robinet mal fermé dans la salle d'eau attenante, le goutte-à-goutte de l'horloge sur le palier. Si haute qu'on pouvait s'y dissimuler. Alors l'horreur – si le loup, si l'ogre, si les voleurs... Me recroqueviller sous les couvertures, drap par-dessus tête, comme si je n'y étais pas. Pas vue, pas prise.

Soudain j'étouffais. De l'air ! Et je riais ! Me faire peur pour du beurre. Un pas dans l'escalier, vif, reconnu, celui de l'aînée des cousines qui allait occuper l'autre lit. Faire semblant de dormir. Sombrer vraiment.

La peur dans la voiture arrêtée en lisière de la forêt noire pour une pause – un pipi d'enfant ou une dispute de parents ; le noir feuillu et la menace insaisissable, le silence hostile, terrifiant. La peur dans une rue perdue, la gare labyrinthe d'une ville étrangère : si je lâchais la main, si j'étais égarée...

L'angoisse de perdre celui que j'aime, un enfant, un petit. Non pas la peur théorique, mais la peur des entrailles et ses manifestations : bouche sèche, gorge nouée, estomac en pagaille, ventre lâché, sueurs froides ; lorsque la vue s'obscurcit et que le cœur bat la chamade.

L'anxiété de prendre la parole en public et celle de choisir, d'élire en rejetant. De ne pouvoir assumer les conséquences de ses actes, de ne pas occuper sa place ou de la perdre. Et l'angoisse de la maladie, de la dépendance, de la dégradation, de la mort, de la grande inconnue.

Et toujours la peur essentielle : ne pas aimer ni être aimé. Etre hors du chaud, du lumineux. Se tenir dans la frange nue au bord inaccessible de la vie, de son rayonnement.

Mon Dieu, nos vies, tissées d'effrois ! L'expérience et l'imagination se relayant pour les alimenter sans parler du récit des autres qui ne manquent pas d'en rajouter, même au chevet des malades, comme à plaisir.

Anita pense souvent à cette communion souterraine des peurs humaines ; elle espère que sa conscience en secourt d'autres obscurément, qu'ils se sentent moins seuls.

Baume. Alors Anita se lève. Elle déambule à pas de loup par la maison noire ; elle croque une pomme face à l'arbre enseveli dans l'ombre. Elle prend un livre, reprend une lettre interrompue.

Il lui arrive d'allumer la télévision. Tard parfois, des courts-métrages magnifiques relaient les variétés avilissantes. Un visage occupe tout l'écran, lui parle en tête à tête. Je ne suis pas seule. Tant d'autres en éveil, et pas seulement les siens. Traverser le détroit de l'obscurité. Demain elle ira mieux.

Ce qu'elle a appris, c'est que rien n'est jamais définitivement gagné ni perdu. Cette anxiété de fond qui la mine souvent, elle la combat jour après jour ; un alcoolique ou un drogué reprend chaque matin la lutte ; alors même qu'il se sent fort, dégagé, il peut retomber.

Elle n'en aura jamais fini de liquider son passé. Comment a-t-elle pu croire que d'autres s'en tiraient mieux qu'elle ? Les innombrables confidences déposées en elle au hasard des rencontres lui ont avoué cette fragilité frissonnante en chacun. Alors elle compose.

Parfois, la nuit

Parfois, la nuit, on a froid, on a peur. On récapitule. Et on repart. Avec le poète Philippe Jaccottet qu'elle connaît par cœur, Anita se murmure : « *Bientôt nous n'aurons plus besoin que de lumière.* » Elle y compte bien.

Musique nomade

Afin de célébrer dignement la messe des artistes dans la cathédrale, l'aumônier a conçu le projet de baliser l'espace de musiciens. Il placera un quatuor dans cette chapelle, une soprano dans cette autre, un récitant sur les marches de l'ancienne chaire de vérité, un piano ou un clavecin au bord du chœur, un violoncelle... Il rêve, il échafaude, il prend des contacts. *Frappez et on vous ouvrira.* Il a rendu visite à l'école de musique voisine : les professionnels accepteraient-ils de jouer aux côtés des étudiants ? Enthousiaste, il a obtenu gain de cause.

Par voie d'affiches, de journaux, de radio, l'invitation a été largement diffusée ; aussi sont-ils nombreux à se presser sous les voûtes. Place à tous ! Manteaux épais et chaussures fourrées, écharpes et gants. La chaudière essoufflée s'avère impuissante à maintenir une température disposant à l'écoute, alors des bénévoles postés à l'entrée distribuent couvertures et vêtements de seconde main aux fidèles trop peu protégés, aux clochards, aux jeunes déplumés.

La très vieille dame est venue seule ; en vain a-t-elle tenté d'entraîner l'un ou l'autre pensionnaire de la maison de repos : tous préfèrent leur lit ou la télévision. Qu'à cela ne tienne, elle commandera un taxi, le deuxième taxi de sa vie. Il y a cinq ans, elle aurait encore pris le métro, mais la directrice de la maison de retraite l'en a dissuadée :

– Je crains pour vous les mauvaises rencontres, madame Josse.

La première neige a fini de la convaincre. Aimable, le chauffeur d'origine maghrébine l'aide à descendre les quatre marches du perron comme il la soutiendra pour escalader la volée d'escaliers de la cathédrale. Il resterait bien avec elle, mais il est de service.

– Voulez-vous que je repasse dans deux heures ?

Une équipe d'étudiants assure l'accueil. Un immense garçon se penche vers Anne Josse, dispose un châle autour de ses épaules et la dirige vers une chapelle adjacente : deux violons et un violoncelle s'accordent déjà. *Comme ils sont jeunes ! Des enfants...* Depuis quelques années, Anne constate que tous les gens lui paraissent étonnamment jeunes. Deux violonistes : l'un a les cheveux longs, noirs et brillants, alors que l'autre, une fille, a le poil presque ras ; la violoncelliste sourit sous une tignasse brune et rebelle. Le reflet des cierges joue sur le bois vernis de leurs instruments.

La musique de Bach s'élève. Anne a parfois tenté de se représenter l'au-delà ; les anges musiciens des tableaux anciens lui ont donné à croire que la musique, celle des sphères comme celle des archanges, ferait partie intégrante des délices. La voici dans le jardin d'Eden. Elle ne prête plus attention à l'arthrose qui lui grignote le genou et la hanche, déforme ses mains tavelées, elle se laisse porter par la mélodie ; elle ferme les yeux puis les rouvre : ces visages transfigurés sont beaux à contempler.

A la fin on n'applaudit pas, on garde un silence plein, avant de se mettre doucement en marche vers l'étape suivante. Déambulation recueillie, d'un pré vert à un autre paradis. Anne repense au triptyque contemplé jadis dans une ville flamande, Gand, tout en prenant place sans vergogne dans le fauteuil adossé au mur de la salle capitulaire tendue de tapisseries : s'y joue le second temps de cette veillée, *L'Offrande musicale.*

Une bouffée de jadis l'assaille ; autour de Bach se rassemblent des fragments de son studio de jeune mariée : le feu roulant, l'éclat des cuivres suspendus à l'archelle en chêne, le ventre de la commode cirée, le visage aimé sous le lampadaire. Tout est rendu d'un seul coup. Des pans entiers de vie enfouie ressuscitent. Bonheur. Une joie plutôt, et sans mélange. Toute son existence, elle a cultivé l'allant contre la nostalgie et ce n'est pas cette nuit qu'elle changera de tactique. *Ce qui a été est*, affirme-t-elle volontiers.

Il ne sert à rien de regretter l'absence d'un enfant, d'un petit-enfant ou d'un arrière-petit-enfant, tous retenus loin d'elle par une multitude de circonstances. Dimanche prochain, lorsqu'ils viendront la chercher pour le repas traditionnel chez sa fille aînée, elle n'exprimera même pas cette fugitive souffrance. Là où ils sont, ils sont bien et sans doute vivent-ils une journée aussi délicieuse qu'elle. *Que rien ne ternisse leur fête ni la mienne.*

Elle se laisse entraîner vers le déambulatoire puis le chœur : s'y égrènent les notes d'un piano frais comme un rire d'enfance. Mozart

Anne dans les stalles, un coussin l'isolant du bois dur ; les bras reposent sur les accoudoirs, sa manche contre une autre manche.

Elle tourne le regard un instant et découvre le visage de son voisin, un homme de son âge : *mon Dieu !* Ce n'est plus l'excès du plaisir créé par la musique mais l'émotion fulgurante qui la soulève, vague de fond. Lui.

Ce profil aigu l'a torturée si longtemps ; chaque détail est rendu en un instant : l'odeur, la caresse ancienne des doigts, la chaleur des bras refermés, le désamour, la désespérance ; des images en éclairs. Anne hésite : *Quel âge ai-je donc* ? Tellement proche, comme si c'était hier, la jeune Anne désespérée, presque détruite par cet homme.

La rancœur, la haine du désaveu. La violence rentrée, l'apparent oubli. Tout est intact, à son intense surprise. Après tant et tant d'années. L'estomac noué, la gorge étranglée, la panique. Une envie de fuir, ainsi qu'elle l'a fait si souvent, chaque fois qu'elle l'apercevait de loin par hasard. Il lui arrive encore de se réveiller en larmes parce que, dans son rêve, il a refusé de se retourner alors qu'elle l'appelait par son nom, l'abrégé qu'elle préférait : *Greg !* Guérit-on jamais ?

Elle le regarde encore à la dérobée. Il est ailleurs, il ne l'a pas vue. Comme jadis, captivé par la musique, la seule chose capable de l'émouvoir, reconnaissait-il. A-t-elle assez souffert de sa froideur, de ce qu'elle prenait pour de la négligence, de l'indifférence, et qui n'était qu'une absence douloureuse à lui-même autant qu'aux autres, même à l'autre le plus proche.

Ce qu'elle pressentait alors lui apparaît aujourd'hui en pleine clarté : cette forme d'impuissance à aimer parce qu'il manquait d'amour de soi. Ce dont il se plaignait âprement, aux rares instants de confidence, d'abandon. Tellement différent d'elle qu'il lui était impossible en ce temps d'inexpérience de saisir jusqu'au sens de ses paroles. Elle le comprend maintenant.

Une sorte d'infirmité, et lui, la première victime de cet étrange handicap. Ne pas céder aux remords : Comment aurais-je pu deviner, m'identifier à lui, accepter l'écart ? *Comme mon inconscience a dû te blesser, toi aussi.*

Elle ne peut nommer le sentiment qui s'empare d'elle. Serait-ce de la compassion ? Tout cela payé si cher : à coups de larmes, d'insomnies, de désarroi sans témoin, d'abattement aux lisières du suicide. De son errance à lui, elle n'a pu que deviner des bribes, qu'elle a tenté de minimiser, de nier. Elle n'entendait alors que ses propres cris. Tu souffrais et c'est moi qui avais mal. Pauvres de nous. Nous ici, enfin réunis. Anne se sent balayée par une vague de fond.

Un léger attroupement se forme autour de la vieille dame en allée, que son voisin, aussi blanc qu'elle, soutient du bras. Rumeur, remous.

– Vous la connaissez ? lui demande-t-on.

Les volontaires de la Croix-Rouge s'affairent à transporter discrètement le corps inanimé.

Des jours et des jours

Sombre matin à l'âme morose : les cauchemars violents de la nuit impressionnent encore la conscience. Cependant il va falloir prendre la journée à bras-le-corps. Aller vers la fenêtre et surprendre le ciel paisible sur toute cette effervescence. Les mots d'un Psaume, le réconfort que dispensent les gestes quotidiens : sentir sous sa paume la matière froide et ronde de la cafetière, lisser la nappe colorée, poser les bols, couper le pain et respirer son odeur d'enfance, ouvrir les tentures de la salle de séjour, boire la première tasse au bord du jardin noir, la maison dans le dos.

Hors des fantasmes individuels, se relier à tous ceux, à toutes celles qui, en cet instant, regardent se lever le jour, simplement surpris, heureux d'exister. Tant bien que mal.

Dans la demeure ensommeillée, il y a place pour un temps à soi avant les pas dans l'escalier, les bruits d'eau énergiques, les gestes gourds de somnambule, le « Tu as bien dormi ? » machinal. Se lever, se laver, prendre la route du travail... Le train-train parfois sinistre, mais aussi l'étonnante puissance des recommencements.

Instants volés

Petits bonheurs, comme des cailloux blancs dans la forêt. Sur le chemin de l'école, les feux rouges laissent le temps de contempler vraiment les nuages violets, de redessiner le gonflement naïf de la colline. Baisser la vitre, offrir le visage à l'air acide qui hérisse la peau, échanger avec l'enfant dans la voiture au lieu de s'enfermer dans ses pensées parasites (Ne *pas oublier de dire à, de donner pour, de prendre les photocopies de, de chercher ceci, de retrouver cela*...).

Saisir au passage la chaleur du baiser d'un papa à sa fille par la fenêtre de la voiture qui bloque néanmoins l'entrée (*Did you kiss your kid today ?* interrogeait le graffiti de la gare), le sourire franc de la dame de l'accueil.

Une étudiante guette à la porte des vestiaires :

– Je vous ai rapporté votre CD de Brassens.

Quel beau regard a cette jeune fille encore si ingrate l'an dernier. Glisser son manteau entre les vêtements de ceux qu'on aime, qui seront sous le même toit, même si on n'a pas la chance de les croiser aujourd'hui.

Question d'humeur

Certains jours, tout est don. Le merveilleux émerge du quotidien, de la moindre rencontre, au hasard des déplacements.

C'est une flottille de canards affamés se hâtant

cocassement au-devant de la petite fille aux miettes ; c'est le jeune papa arrêté devant le moulin, l'étang, les arbres transfigurés par la gelée nocturne, pour offrir à ses petits ce paysage féerique avant de les enfourner tout chauds dans l'école maternelle.

C'est la surprenante proposition d'une libraire inconnue de me prêter son exemplaire d'un livre introuvable. C'est le recueillement d'une flûtiste surprise en pleine répétition. C'est un homme élégant, entre deux âges, pardessus sombre et porte-documents, surpris à grignoter la baguette de pain croustillant qu'il vient d'acheter.

Ce sont les mots qui livrent le fond d'un être (*Sait-on pourquoi on vit, J'aurais aimé vivre avec une femme, Si j'avais été belle, il me semble que, Je n'ai jamais eu d'enfant*) ; plus qu'une longue confidence s'y déchiffrent les vœux essentiels. Alors celui qui passait s'arrête, tend l'oreille, sent se rouvrir sa propre blessure et accompagne.

Oui, certains jours se réactivent toutes les questions assoupies : la jeune femme qui observe les chamailleries d'oiseaux dans la cour et s'émeut des sourires aux anges de son nouveau-né ne peut s'empêcher de s'interroger : *Si je travaillais à l'extérieur, qui les verrait* ?

D'autres jours, tout fait défaut ou se dérobe. A l'époque des vacances et des fêtes plus encore qu'en temps ordinaire, se découvre l'envers du décor : grande bouffe et paillettes, fric et toc, réjouissances de commande, amusement obligatoire. Où trouver, sous le strass, les bulles, les vitrines et leur surenchère, le chaud désir de partage, la joie ? Où mendier un geste clair, un regard fraternel ?

Ces jours de détresse, quand on est à soi-même la pire compagnie. « *Quand je ne crois en rien, je ne voudrais me rencontrer avec toi, quand tu ne crois en rien* », note Antonio Porchia. La malveillance, l'aigreur, la désespérance qui nous inondent rejoignent l'amertume des autres pour former un fleuve de fiel prêt à tout emporter.

Présence des étonnés

Même en ce désert demeure le secours de voix amies ou inconnues, la présence discrète des artistes, des sages, des étonnés...

Des mots venus d'ailleurs dont l'alliance nous enchante et n'en finit pas de délivrer ses secrets, ses harmoniques : « *Dormeuse amas doré d'ombres et d'abandon* », murmure Paul Valéry. Une sonate de Schubert réconforte l'un, un poème symphonique l'autre. Il suffit d'un vitrail, d'un tableau riche de formes, de couleurs, de sens, d'un Chagall, d'un Vieira da Silva pour que se ranime la flamme de notre intériorité, se rassemblent les fragments épars de notre vie intime, se reconstitue un tissu vivant.

Echapper à l'empoussièrement de la routine abêtissante ! Quel autre recours que le renouvellement intérieur ? Nous sommes invités, provoqués même à regarder autrement. Cette aptitude à l'émerveillement quotidien pourrait apparaître comme un privilège de l'enfance. Curieux, l'enfant, avide certes, mais tellement impatient qu'il gaspille. Avec le temps s'affirme l'attention passionnée à ce qui est, à ce qui vit Serait-elle question de tempérament ? Peut-être. Tour d'esprit sûrement, que favorise et développe un entourage éveillé.

Cette disposition à distinguer la beauté du monde sous la banalité des apparences se double nécessairement d'une capacité à souffrir, d'une vulnérabilité particulière. Comment ignorer l'hypocrisie des belles manières, le mensonge dissimulé sous le sourire convenu, la fin inscrite dans ce qui commence ? Rien n'épargne la sensibilité aiguisée. Se tenir aux aguets, c'est aussi entendre la vaste plainte inusable de tous les meurtris de l'existence.

Alors ? D'un même élan, accueillir la beauté qui passe, sans s'y accrocher, et recevoir la douleur sans s'y complaire ?

Le jour est là. Indistinct, mais présent entre les arbres. Une odeur d'herbe mouillée. Les pointes vertes des crocus intrépides dans le pot en terre. Se tenir au plus près de la vie avant de se confier à son flux.

Connivence

Fabienne regarde le plafond de la chambre. La maternité glisse dans la somnolence du début de l'après-midi, juste avant le déferlement des visiteurs. Qui viendrait ? Elle n'a eu le temps de prévenir personne lorsque le flot de sang a jailli et qu'il a fallu appeler le service d'urgence pour l'emmener pratiquer le curetage. Ce petit troisième, qu'elle attendait dans le secret émerveillé, ne serait pas. Larmes le long du visage tiré de Fabienne tandis qu'une colique lui tord le ventre.

Pas de quoi en faire un drame ! Pense à Véronique qui ne pourra jamais avoir d'enfant. Pense à Michèle qui vient de perdre son aîné dans un accident. Pense, mais le malheur d'autrui n'a jamais consolé Fabienne du sien. Relativise ! Vincent et Pascale sont bien vivants, eux. Tes grands, tu les reverras demain.

Une lézarde humanise la surface ripolinée du plafond : Fabienne imagine un lierre distrait habillant la faille. Les yeux suivent la ride sombre jusqu'à la fenêtre, l'arbre nu, mais aujourd'hui le baume des images poétiques n'opère plus. Elle n'est qu'un corps ramassé en boule sur un vide douloureux : bête épuisée, creuse et recrue, que la mort a frôlée.

Qui m'aime ? Mon amie Sylvaine ; le rire de Sylvaine adolescente. Sa façon de se tenir accroupie dans un coin de la chambre, le menton sur les genoux remontés :

– A quoi penses-tu ?

– Est-ce obligatoire de devenir une grande personne ?

– Viens plutôt m'aider à finir ma version latine.

Elle se dépliait, échalas, mèches en pagaille, ongles bleuis d'encre, odeur d'églantine. L'une près de l'autre, elles se colletaient aux vers de Virgile.

Aucune nouvelle de Sylvaine. Elle a eu envie de lui écrire, souvent. Lorsqu'elles étaient pensionnaires, elles s'écrivaient presque chaque jour et poursuivaient leurs échanges au long des récréations. Aujourd'hui, Fabienne ne sait plus comment renouer le fil interrompu.

Rompu par quoi ? Les orientations différentes, les choix singuliers, la distance ? Pris séparément, aucun de ces motifs n'explique le silence, mais rassemblés ? Bon sang ! Elles ont à peine trente ans et elles capitulent devant le quotidien, la poussière des jours ! Jure que tu ne laisseras pas faire ! Parjures.

Marc a-t-il connu de telles passions ? Il ne parle pas du passé, raidi dans son effort pour s'adapter au présent difficile. Si loin, Marc. Chacun seul en fin de compte. Quand ont-ils cessé de mettre en commun l'essentiel et l'accessoire ? Lorsqu'une promotion a entraîné Marc chez ses clients trois soirs par semaine ? Quand elle a été absorbée par la rédaction de sa thèse ? Quand Vincent, effrayé par des cauchemars – mais qu'est-ce que l'enfant pressentait ? –, s'est installé dans leur lit ?

Fabienne cherche, fouille. Un jour, elle a constaté que Marc et elle étaient prodigieusement différents. Inconciliables ? Elle aimerait en parler à quelqu'un, mais sa mère, toujours entre deux dépressions, a bien assez de mal avec sa propre vie. Sylvaine était son refuge avant que surgisse Marc. A qui avouer que Marc a peur lui aussi, qu'il se met en colère plutôt que de le reconnaître. S'il rentrait en se confiant à elle : « Fabienne, je me sens épuisé, berce-moi. J'ai sans doute perdu un client », elle ouvrirait les bras, l'écouterait. Mais il revient pâle, sec et tendu, se masque derrière le journal, sourd à ses récits domestiques :

– Tout à l'heure ! Si tu savais les emmerdes que j'ai eues.

– Et moi, tu crois que je n'en ai pas bavé toute la journée !

– Tout le monde a ses ennuis, ma petite.

Ma petite. Elle le hait à ce moment-là. J'exagère. Marc n'est pas toujours comme cela. Cet été, au bord de la mer, l'entente retrouvée. L'espérance de cet enfant. « Un petit de nous, encore. » Il avait bien dit *de nous*. Il y croyait.

Un sanglot explose. L'infirmière de service entrouvre la porte :

– Vous n'avez besoin de rien ?

Sollicitude de surface car elle ne remarque même pas les larmes.

– Merci.

Envie de se nicher contre une poitrine. Le personnel hospitalier est surchargé. Pas le temps de s'attarder aux peines de cœur. Les corps suffisent. Fabienne sombre dans un sommeil hanté. Sur un quai, Sylvaine crie : « Tu m'écriras ? » ; à contre-jour, sa crinière rousse irradie. Fabienne s'assied dans le train qui démarre et son ventre fait des bonds ; le jour du mariage de Sylvaine, elle sera sans doute à la maternité. Elle ouvre son livre.

Dans la chambre contiguë, un nouveau-né pleure violemment. Fabienne ouvre les yeux. Pourquoi n'y avait-il plus de place ailleurs qu'en maternité ? Pourquoi aviver son supplice, en la plaçant près des mères comblées ?

Elle voudrait rejoindre Sylvaine, le rêve agréable. Qu'est-ce que je lisais à cette époque ? Est-il possible que nous ne nous soyons plus revues depuis cinq ans ? Après son mariage, Sylvaine est partie avec Alain en coopération. Une seule lettre d'Afrique, descriptive, mais sans allusion codée. Rien d'elle. Fabienne s'en est étonnée, mais l'allaitement de Vincent, la naissance de Pascale l'ont accaparée.

Marc se penche, un bouquet de tulipes orange à la main. La chaleur du sourire désolé :

– Pauvre petit chat.

Elle n'ose lui demander de retirer la main de son bras qu'immobilise la perfusion ; elle ne supporte aucun contact physique :

– J'ai froid, j'ai envie de vomir.

Fabienne marche dans l'appartement. On dit errer, marcher sans but, divaguer. Ce n'est pourtant pas l'ouvrage qui manque. Il faudrait défaire les trois valises : la sienne, celle de Vincent revenu de chez sa marraine, celle de Pascale ramenée par une amie et qui dort après une scène véhémente – elle veut me faire payer mon absence, incompréhensible pour elle. La petite fille repose, les cheveux mouillés de sueur. Au moins une heure de paix avant le retour de Vincent emmené en promenade par la voisine.

Fabienne s'étend. Je suis vidée. Elle s'absorbe dans la contemplation du plafond. Ma vieille, tu deviens maniaque. Une boule dans la gorge l'empêche de respirer à fond. Le plafond est sale au-dessus du radiateur. A leur arrivée ici, l'an dernier, ils avaient décidé de tout repeindre, mais Marc a eu cette promotion et moi, je courais de la bibliothèque à la crèche, du lavoir au médecin, de l'épicerie à...

Le papier du mur garde la trace de la bouillie que Vincent a projetée dans une quinte de toux. Tout s'abîme. Il faut sans cesse veiller, entretenir. Fabienne en a les bras coupés. Faire et défaire. A peine a-t-elle fini de cuisiner qu'il faut passer à la vaisselle. Trop. Tonneau des Danaïdes. Le locataire du haut enclenche l'aspirateur. Je devrais en faire autant. Elle ramène la couette sur son corps glacé.

Le coup de sonnette de la voisine ramenant Vincent la surprend, recroquevillée.

– Vous êtes bien pâle ; je sais ce que c'est ; je suis passée par là ; j'ai mis trois mois à m'en remettre.

Fabienne sourit pauvrement. Vincent a très faim, il piaffe.

– N'éveille pas Pascale, supplie-t-elle.

Quand Marc rentre, elle est couchée, à bout de forces. De sentir ce vaste corps vivant se glisser près d'elle a provoqué un sursaut. Il a ébauché un rapprochement et elle a pensé en un éclair : *Je ne veux plus jamais faire l'amour*. Dégoût, désespoir. *C'est moi qui pense, qui sens ça.* Et les pleurs l'ont ravagée.

– Tu perds encore ?

Il s'est écarté, il n'aime pas l'odeur du sang. Désarroi plus grand encore. Je ne sais pas ce que je veux. Qu'est-ce que je suis devenue ? Réminiscence : Fabienne à vingt-deux ans, une « nature », disait-on d'elle ; une plante de pleine terre Aujourd'hui, une femme qui perd ses larmes et son sang. Toute l'énergie à vau-l'eau. Marc siffle légèrement en dormant. Fabienne voudrait se lever, mais quitter la chaleur du lit... Toute la nuit, les yeux sur la ligne imaginée du plafond.

Au courrier, ce matin, une lettre de Sylvaine.

– Alors, tu ne l'ouvres pas ? s'étonne Marc.

Depuis le temps que tu t'indignes de son silence.

Une carte de visite et cinq mots laconiques : « Je voudrais que tu viennes. » Dans la mémoire de Fabienne, un éclair : le serment d'Iseult qu'elles se récitaient l'une à l'autre sous le préau : « *Tristan, tu le sais, ni tour, ni fort château, ni défense royale ne m'empêcheront de faire la volonté de mon ami, que ce soit folie ou sagesse !* »

– Qu'écrit-elle ?

– Elle m'appelle.

– Vas-y, je demanderai à Maman de venir ici garder les enfants.

Marc comprend. Elan vers lui. Fabienne avale son café, sort de table.

– Mange un peu de pain tout de même.

Elle obéit en consultant l'horaire des chemins de fer.

Je n'ai jamais dit à personne combien j'aime le train – corail ou TGV peu importe –, les relents de Javel et de sueur inconnue, les paysages fuyant aux fenêtres, les visages de mes premiers compagnons de voyage, les yeux cernés ou le maquillage frais.

Je n'ai jamais dit à personne la sensation d'aisance, de liberté clandestine. Je sécrète autour de moi une encre invisible qui décourage les importuns. Je me veux intouchable, pour un temps tout au moins, moi qui ai si souvent l'impression de me défaire sous les contacts trop soutenus, les appels urgents, les sollicitations.

Je suis à ma place réservée, attentive à ce qui remue autour de moi, poreuse aux échos d'ailleurs et d'antan. Je vis en trois dimensions, somme toute, et cela me va.

Depuis combien de temps Fabienne n'a-t-elle plus pris le train pour son plaisir ? Sans enfant à porter, à hisser, à occuper pour qu'il ne dérange pas les voisins. Deux heures à soi. Volupté. Se laisser bercer par le mouvement, la chaleur sèche. Lire tranquillement tout en prêtant l'oreille, l'œil au pittoresque des situations. La gare déjà.

En attendant la correspondance, Fabienne s'offre un café serré. A ce zinc, il y a cinq ans, Sylvaine lui avait présenté Alain : un beau ténébreux. Séduisant. Inquiétant. Pas une femme qu'il laisse passer sans la déshabiller du regard, avait noté Fabienne. « Etudiant aux Beaux-Arts, il est doué, tu sais », disait Sylvaine fièrement ; elle irradiait ; ce rayonnement des corps aimés, et Fabienne découvrait à son amie une beauté nouvelle, se réjouissait, prenait peur. Il commandait un second verre de vin tandis qu'elles sirotaient leur orange pressée.

Il est temps de rejoindre le quai. Sur l'escalator, fragment de conversation entre deux contrôleuses :

– Il monte se coucher quand je me lève ; j'habille la petite, je déjeune avec elle puis nous partons à la crèche, de là je file à la gare. Quand je rentre, il est déjà au boulot.

– Vous vous rencontrez quand ?

La réponse se perd dans la foule. Fabienne

prend place contre la fenêtre, ouvre son livre, ne lit pas. Devant elle, de très jeunes amoureux dans leur bulle. A côté, une femme vieillissante fait et refait l'inventaire de son sac à provisions.

Au téléphone, lorsqu'elle l'a appelée pour annoncer son arrivée, la voix brève, blanche de son amie : « Je t'attendrai. »

Dans le sac bariolé offert jadis par Sylvaine (le reconnaîtra-t-elle ?), Fabienne glisse le livre près du pot de confiture maison. Elle repère la silhouette maigre sur le quai.

– Sylvaine !

– Toi !

Dans les bras, les larmes, les rires. Les clichés ? Mais vécus, bien à elles.

– Attention !

Un chariot les bouscule. Marcher en se tenant par la taille, mais leurs sacs les encombrent. « Jamais je ne porterai de sac, cela fait godiche. Nous sommes empruntées. »

– Tu veux un café ?

– J'en ai pris un entre les deux trains.

– Si tu n'as pas froid, nous pourrions nous promener un moment. Alain dort.

Sylvaine l'a dit très vite, gênée.

– Il travaille la nuit ?

– Non. Mais raconte, toi.

Fabienne enregistre la mine de papier mâché, le bleu suspect sous l'œil droit. Se retient d'interroger. Où est leur belle spontanéité ?

Une heure de marche forcée sur les boulevards de ceinture. Fabienne n'ose pas dire qu'elle sort de l'hôpital, qu'elle aimerait s'asseoir au chaud. Sylvaine l'a-t-elle entendue penser comme jadis ?

– On peut rentrer si tu veux.

Un regret dans l'intonation.

Elles ont dû s'y mettre à deux pour pousser la porte de l'appartement : quelque chose résistait, un corps affalé.

– Alain, je t'avais dit de ne pas sortir du lit.

Les vomissures empestent l'air. Fabienne aide Sylvaine. Le poids de l'homme abandonné le lit souillé, l'eau fraîche. Un franc dégoût marque les gestes de Sylvaine ; aucune tendresse dans cette routine épuisée.

Alain ronfle dans la chambre et Sylvaine s'effondre.

– Pas besoin de te faire un dessin.

Dure et fragile. Corde qui va casser. Du regard seulement, Fabienne la soutient.

– C'est ainsi depuis le début. Je croyais le sauver.

Par bribes et morceaux se délivrent les confidences.

– Il n'a jamais entrepris de cure de désintoxication ?

– Si, mais il retombe. Je ne voulais pas le reconnaître incurable.

Fabienne souhaiterait préparer une boisson chaude ; elle se sent gauche dans la cuisine d'une autre.

– Et personne à qui parler, alors je...

– Tu as bien fait. Et ses parents ? Les tiens ?

– Ils ne veulent plus le voir. Ecœurés. « On t'avait prévenue. »

– Tu travailles ?

– Des mémoires pour des étudiants. Mal payé, mais au moins je reste ici ; je l'empêche d'accumuler les bêtises.

Sylvaine n'a rien prévu pour le repas de midi, elle parle ; maintenant qu'elle a ouvert les vannes, le flux ne s'arrête plus :

– Cette fatigue le matin, si tu savais ! Je voudrais ne pas me lever. Je n'ose plus me regarder dans un miroir, je me traîne. Vers cinq heures, l'angoisse diminue, mais c'est aussi le moment qu'Alain choisit pour m'échapper. Tous les prétextes sont bons : un paquet de cigarettes, un tube de couleur, un rendez-vous soi-disant capital. Cette nuit, il est rentré à cinq heures, dans quel état, tu le devines.

– Il savait que j'allais venir ?

– Oui.

Il lui fait payer, pense Fabienne. Exactement comme Pascale.

– Un enfant...

– Encore heureux que nous n'en n'ayons pas. Moi, j'étais tentée, mais il n'en voulait pas.

– Ce n'est pas cela, je voulais dire que *lui* était comme un enfant.

– Un enfant de trente-trois ans, ça pèse lourd. Je n'en peux plus.

Fabienne voit la chevelure ternie, les épaules

voûtées. Elle crie en elle-même, elle conjure l'adolescente flamboyante : *Pas elle ! Pas nous !* Une vague de colère à l'égard de cet homme : *Il a abîmé mon amie*. Envie de tuer.

– Tu n'as pas envie de crêpes ?

Même quand il n'y a rien dans le réfrigérateur, on peut trouver de la farine, du lait, un œuf. Très vite, l'odeur réconfortante, la buée sur la vitre de la cuisine, une intimité de pâte. Téléphoner à Marc. Rester ici jusqu'à demain. Laisser Sylvaine vider son sac et même le retourner ; chercher ensemble une issue.

– Je peux m'étendre là ?

– Mon Dieu ! Et moi qui oublie que tu sors de l'hôpital (elle a failli dire maternité), quelle sale égoïste je suis, une peste !

Peste, Fabienne retrouve les mots de son amie. L'excessive. Pas cette femme écrasée qui lui fait peur. Elle lui relève les cheveux sur la nuque :

– Après je te ferai une coiffure qui t'aille bien.

– Nous voilà dans de beaux draps !

Sylvaine rit et son rire couvre les ronflements de l'ivrogne.

– Bien sûr ! Et l'examen de chimie. Le prof prétendait que nous ne réussirions pas : nous avions gâché notre année, nous étions irrémédiablement enfoncées, assurait-il. Nous l'avons eu, à deux. Tu verras.

Son air de défi, en affirmant cela ! Je la retrouve.

L'enfant de la mer

A l'extrémité de la digue, l'hôtel sinue entre dunes et mer. L'enfant entre dans la salle du petit déjeuner en compagnie de sa mère ; elle a l'air mal levée et le retient de courir vers la baie vitrée découvrant les flots proches. Il tient à la main une petite voiture rouge.

A la table voisine, je fais celle qui ne voit rien, même si je n'en perds pas une miette.

– Mets-toi là.

Elle désigne la place du côté de l'allée alors que l'enfant se hisse déjà sur la chaise contre la fenêtre.

– Là, j'ai dit.

La voix est sans appel, mais l'enfant s'obstine ; il s'installe sur la chaise convoitée, le plus près possible de l'immensité liquide qui l'aimante. La mère en fait une affaire d'Etat, d'amour-propre tout au moins. Elle finit par céder. Puisqu'il y a deux places face à face à côté de la mer, je cherche la raison de ce combat inutile.

Juché sur sa chaise, visage collé à la vitre, l'enfant est ravi, radieux ; il s'abîme dans la contemplation des vagues allant et venant sous ses yeux. La mère a le teint plombé, le cheveu plat, une moue qui l'enlaidit. On la sent de mauvaise grâce. Elle a besoin d'échapper à elle-même, à l'enfant qui lui pèse :

– Ne bouge pas, je vais te chercher un pain au chocolat et un jus d'orange.

L'enfant n'a aucune envie de quitter son observatoire. Tandis que la mère navigue au loin entre les tentations du buffet, surgit le père, plus âgé ; il prend place à côté de son petit. L'enfant tourne vers lui un visage ébloui :

– Papa, comment elle s'appelle, la mer ?

Déjà la mère revient ; le père se lève pour la décharger du plateau, lui avancer la chaise en face de l'enfant.

– Papa, comment elle s'appelle, la mer ?

Le père et la mère à peine assis, surgit le gérant de l'hôtel, un ami semble-t-il, car c'est pour lui qu'était réservée la quatrième place ; une serveuse apporte une tasse de café à son intention. La conversation roule entre les deux hommes et la mère sourit ! Soudain elle paraît aux anges. Le gérant est un bel homme brun. L'enfant chipote, émiettant le petit pain ; à voix retenue il essaie encore :

– Comment elle s'appelle, la mer...

Ce n'est presque plus une question, rien qu'un refrain résigné. L'enfant a compris qu'il ne sera pas entendu. Il tourne résolument le dos et, de l'épaule relevée, il dresse un écran contre le monde des adultes : il adhère à la vitre, tout en faisant rouler la petite voiture rouge du bout des doigts. Fuir. Ailleurs. Il se donne à l'immensité sans nom.

Lorsque le quatuor quitte sa table et passe près de la mienne à me frôler, j'ai envie de murmurer à l'oreille du gamin : « Elle s'appelle la Manche... » Le mot le ferait peut-être rire ou poursuivre le dialogue, mais, lorsque je lui adresse un sourire engageant, il me décoche une grimace contrainte, empruntée, presque un sourire d'adulte, une courtoisie hypocrite vraiment pas de son âge.

Je les retrouve dans le hall d'entrée : les trois grands toujours en échange animé et l'enfant les dévisageant de bas en haut, interloqué, tristement patient.

Si on lui demandait : « Comment t'appelles-tu ? », que répondrait-il ? Et s'il ne répondait pas, comment le réprimanderait-on ? « Tu entends ce qu'on te demande ? »

A travers la porte vitrée, la mer appelle.

J'ignore ce qu'il deviendra. Inventera-t-il le nom de cette mer qu'on lui refuse ? Va-t-il se construire un univers à la dimension de son désir, s'insurgera-t-il contre le monde sourd et aveugle des adultes, sera-t-il divisé entre son élan et la retenue imposée par la société ? Sera-t-il un créateur, un révolté, un malade ? On ne sait pas.

Je voudrais courir avec toi vers la Manche.

Table

Coiffer la frontière 17
Insomniaque 21
Le royaume d'Alice 25
La cravate 29
La longue journée 33
Tu m'écoutes ? 37
A l'étranger 43
Memento 51
Les eaux profondes 57
L'angle mort 65
Ta peur me sauve 71
Jeu de patience 79
Qui entendrait ? 85
Tu exagères 91
Esquives 99
De quoi as-tu peur ? 105
Que nul ne meure qui n'ait aimé 113
Quelque part un grenier 119
A ton âge 125
Au bord du fleuve Amour 131
Le dernier été 139

Parfois, la nuit 145
Musique nomade 155
Des jours et des jours 161
Connivence 167
L'enfant de la mer 179

DU MÊME AUTEUR

Poésie

La vie à foison, Froissart, 1975, rééd. 1981. Prix Froissart.

D'amour et de cendre, Unimuse, 1977, rééd. Froissart, 1981.

Pénétrance, Unimuse, 1981. Prix Charles Plisnier.

Haute enfance, L'Arbre à Paroles, 1990. Grand Prix de poésie pour la Jeunesse, ministère de l'Education nationale, de la Jeunesse et des Sports, Maison de Poésie, Paris.

Singulières et plurielles, La Bartavelle, coll. « Parler bas », 1992, rééd. Desclée de Brouwer, coll. « Littérature ouverte », 2002.

Arpents sauvages, Rougerie, 1993.

La criée de l'aube (rééd. de *Pénétrance, Petite fugue pour funambules* et *Haute enfance*), L'Arbre à Paroles, 1995.

Le for intérieur, Le Dé bleu, 1996, rééd. 1999. Prix Max-Pol Fouchet de la poésie.

Enfance portative, illustrations de Laurence Forbin, Luce Wilquin, 1997, rééd. Esperluète, 2000, avec des illustrations de Anne-Catherine Van Santen.

Issue des lisières, L'Arbre à Paroles, coll. « Le Buisson ardent », 1998.

Trois suites sans gravité, Rougerie, 1999. Prix de la Ville du Touquet-Paris-Plage.

Chant de feu, illustrations d'Anne Leloup, Tétras-Lyre, 1999.

Palettes, images d'Alain Winance, Esperluète, 1999.

Feux dans la nuit, anthologie poétique 1969-2002, augmentée d'un inédit, *Demeure nomade*, La Renaissance du Livre, 2003, rééd. Labor, coll. « Espace Nord », 2005.

Seuils de Loire, Le Dé Bleu, Centre poétique de Rochefort-sur-Loire, Ecrits des Forges, 2003.

Cinq sizains mobiles, livre d'artiste avec Auck, La Hune Brenner, 2003.
En tous sens, livre d'artiste avec Auck, La Hune Brenner, 2004.
Contrechamp, Les Pierres, 2004, rééd. La Porte, 2006.

Essais

Suzanne Lilar, Labor, coll. « Un livre, une œuvre », 1992.
Lecture de « La surface de l'eau » d'E. De Keyser, Bruxelles, Labor, coll. « Espace Nord », 1996.
Célébration du quotidien, Desclée de Brouwer, coll. « Littérature ouverte », 1997, 22e édition.
Préface au théâtre de Suzanne Lilar, Académie royale de langue et de littérature françaises, coll. « Poésie-théâtre-roman », 1999.
Les ombres et les jours, Alice, coll. « Noms de dieux », 1999.
Célébration de Noël, Desclée de Brouwer, 2000.
Célébration de la mère, regards sur Marie, en collaboration avec Eliane Gondinet-Wallstein, Albin Michel, coll. « Célébrations », 2000.
Secrète présence, Desclée de Brouwer, coll. « Littérature ouverte », 2001, 6e édition.
Prières glanées, Fidélité, 2003, 2e édition.
La chair du poème. Petite initiation à la vie poétique, Albin Michel, 2004.
L'Enfant neuf, Bayard, 2005.
Célébration de la lecture, La Renaissance du livre, coll. « Références », 2005.
La liberté de l'amour, conversation avec Christian Henning, Desclée de Brouwer, 2005.
Du récit poétique, in *Roman-Récit*, Lansman, coll. « Chaire de poétique », 2006.

Nouvelles

Contes d'espérance, Desclée de Brouwer, coll. « Littérature ouverte », 1998, 7e édition.

« Battements d'elles », in *Expressions de femmes,* coffret édité par le CER SNCF Nord-Pas-de-Calais et Desclée de Brouwer, 2000, repris dans la coll. « Littérature ouverte », Desclée de Brouwer, 2000, rééd. 2003.

Sans y toucher, La Renaissance du Livre, 2004, rééd Labor, coll. « Espace Nord », 2005. Prix Gauchez Philippot, 2006.

Théâtre

Tous locataires, écrit en collaboration avec Françoise Lison-Leroy, La Bartavelle, 1993, rééd. Lansman, coll. « Nocturnes-théâtre », 2002. Texte créé le 27 avril 1993 à la Maison de la culture de Tournai par le groupe L.

Dix minutes pour écrire, Lansman, 2002. Texte créé le 3 octobre 2002 au théâtre de l'L à Bruxelles dans le cadre du festival « Enfin seul ».

Pour la jeunesse

Depuis ce jour, Labor, coll. « A l'abordage », illustrations d'Estelle Meens, 2005.

Composition Nord Compo
Impression Bussière, octobre 2006
Editions Albin Michel
22, rue Huyghens, 75014 Paris
www.albin-michel.fr

ISBN 2-226-17288-2
N° d'édition : 24768. – N° d'impression : 063455/1.
Dépôt légal : septembre 2006.
Imprimé en France.